淡海《おうみ》文庫62

サンライズ出版

加藤 賢治 著

水と祈りの近江を歩く

発刊に寄せて

成安造形大学名誉教授　木村至《よし》宏《ひろ》

近江は地形的に東日本と西日本の結節点という交通の要衝地にあたり、日本の中でも比較的早く開けたところである。

そのため近江には、古代から歴史と文化が豊かに醸成されてきたといってよい。それは一部分だけでなく、全県下に及んでいることは特筆すべきであろう。

近江の特性を大まかに束ねると、雄大な琵琶湖の存在、それを取り囲む美しい山なみ、東西南北を結ぶ主要な道、いわゆるこの三つの構築要素をあげることができる。

さらに、日本の歴史は年代順に原始、古代、中世、近世、現代と連なっているが、近江の事例はどの年代にも必ずといってもよいほど重要項目の一つとして顔を出している。しかもそれは、地域と深くかかわっていることに気づかされる。いわゆる近江の歴史・文化の重層性を再確認できるのが本書である。

このたび、宗教民俗研究者加藤賢治氏が数ヶ年かけて、休日などを利用して県下を歩き実態を検証。その地の歴史や史跡、湧水はもちろんのこと、その地域の中で行われている祭礼、年中行事、伝承などを詳しく綴る。それらを専門的な見地から的確に取りあげている。

なかには地域で数ヶ年あるいはそれ以上にわたって伝承されている事項を、丹念に記述されていることは興味深い。また、年中行事については、年月を経て変更している事例を現在の時点で記述されていることは、今後の良き参考になるだろう。

記述の中には加藤賢治氏の研究テーマでもある「草木国土《そうもくこくど》悉皆成仏《しっかいじょうぶつ》」の思想にも触れ、全体的に理解できるように配慮されていることは注目に値するといえる。

本書『水と祈りの近江を歩く』は、見方によっては新しい「滋賀県の歴史文化散歩」の要素を十分に備えた好書といえる。近江の歴史と文化を広く理解するために、手にとっていただきたい書物である。

目次

第一章

近江の風土

（一）近江国は池泉回遊式庭園

近江《おうみ》という国名は、あらゆる生命の源である「水」を満々とたたえる淡水の湖、琵琶湖に由来する。奈良時代、都から遠く離れた淡水の浜名湖に比べて、近くに存在する淡水湖を近《ちか》つ淡海《あわうみ》と呼び、やがてその淡水湖を有する国を「近江」と呼ぶようになった。

その淡水湖は、平安時代末期、後白河法皇が選んだ今様《いまよう》の歌謡集である『梁塵秘抄《りょうじんひしょう》』に「近江の湖《うみ》は海ならず　天台薬師の池ぞかし　何ぞの海　常楽我浄の風ふけば　七宝蓮華の波ぞ立つ」と謡われ、近江国は単に豊かな自然環境に包まれているだけでなく、深い宗教的風土のうえに醸成された浄土ともいうべき場所なのである。中央に琵琶湖をたたえ、その周囲を山々が囲むという風光明媚な風景を醸し出し、池泉回遊式庭園のようであると例えられる。

霊島竹生島《ちくぶしま》をはじめ、沖島、多景島《たけしま》、沖の白石という四つの島が浮かぶ琵琶湖、そしてそれを比叡《ひえい》、比良《ひら》、伊吹、鈴鹿山系が取り囲み、湖東平野の三上山、繖山《きぬがさやま》、太郎坊山、荒神山などを代表とする独立した山々が織りなす起伏に富んだ地形は、池泉庭園そのものである。その大きな池をぐるりと巡り、山々の間を縫うように走る旧街道の存在によって、人々はこの地を回遊することができる。

そして、山々から湧き出る命の水が、やがて川となり田畑を潤す。そこに暮らす人々はその山々に畏敬の念を感じ、山に神が宿り、仏が鎮坐した。

近江の各地では、それぞれの地域で多彩な祈りの場面を見ることができるのである。

(二)　民間信仰と伝説の宝庫

奈良時代、近江国の長官を務めた藤原武智麻呂《むちまろ》が、その家伝に「近江国は天下の名地(中略)この公私往来の道、東西二陸の喉《のみど》也」と書き記したように、近江は古代から近世まで、京の都に隣接した要地であり、交通の要衝であった。旧街道を東国から京へ、京から東国へと多くの人々の往来があり、また、琵琶湖も水の道として機能し、東北、北陸からの物資を満載した数知れない多くの木造船が白波を立てながら湖上を走った。人々は、水陸の道を使ってさまざまな物資を運ぶと同時に情報と文化を伝播したのである。

したがって、時代によって異なるが、近江各所には、全国からさまざまな文化が流入し、そこに暮らす村人たちが受け入れ、信仰や伝説とともに唯一そこにのみ存在するという地域文化として大切に受け継がれてきたのである。これだけ多くの独特な地域文化を有する都道府県は、全国広しといえども滋賀県をはじめ数えるほどであろうと思われる。

近代に入って鉄道が敷かれ、明治時代の終わりには琵琶湖も旧街道も主要な物流の本流からはずれた。そして、近代化の波は、関東、中部、京阪神から急速に押し寄せたが、幸いにも近江はその波に呑まれなかった。

非常にゆっくりと近代化が進んできたという幸運によって、近江の各所で近世的な地縁、血縁による地域コミュニティが維持され、そのコミュニティが、民間信仰や伝説、祭礼行事などを伝え残してきたのである。

（三）　歴史の舞台としての近江

古代、小国が分立し、大和王権が各地の豪族を束ねる仕組みが整いつつある頃、近江には、その王権を支える地方豪族の本拠地が多数あった。東近江市と近江八幡市、竜王町にまたがる雪野山古墳、長浜市の古保利《こぼり》古墳群、高島市の鴨稲荷山古墳など、比較的大きな前方後円墳と副葬品が発見されており、大和王権とのつながりを知ることができる。そして、大津市北部の春日山古墳群や穴太野添《あのうのぞえ》古墳群、百穴《ひゃっけつ》古墳群などは、時代が少し下り、小さな古墳が密集していること、横穴の石室、甑《こしき》（食器）のミニチュアが副葬されていることなどから、朝鮮半島から製鉄や機織り、仏教など最新の技術や思想を携えてやってきた渡来系氏族の墓であろうと推測されている。湖西の小野には、聖徳太子の命で初めて隋へ渡った小野妹子、湖東の犬上《いぬかみ》郡には、遣唐使として初めて唐に渡った犬上御田鍬《みたすき》など、渡来系氏族として朝廷で大活躍する人々が近江を本拠地としていた。

七世紀半ば、大化の改新につながるクーデターによって台頭した中大兄《なかのおおえの》皇子が天智天皇となって都を大津に移した。天智天皇の死後には、子である大友皇子と弟である大海人《おおあまの》皇子が対立し、近江を舞台に壬申《じんしん》の乱が勃発した。また、この時代には、「あかねさす紫野行き標野《しめの》行き　野守《のもり》は見ずや君が袖ふる」を詠んだ額田王《ぬかたのおおきみ》を代表とする多くの万葉歌人が近江を詠《うた》った。

奈良時代、聖武天皇が仏教を興隆すると、僧良弁《ろうべん》が石山寺を、行基《ぎょうき》が竹生島宝厳寺《ほうごんじ》や、湖北己高山《こだかみやま》に鶏足寺《けいそくじ》を創建するなどし、早くも仏教文化がこの地に根づいた。そして、平安時代には最澄《さいちょう》が比叡山に延暦寺《えんりゃくじ》を創建し、日本に天台宗を開き、円仁《えんにん》、円珍、良源、源信などの高僧が活躍した。鎌倉時代には、法然（浄土宗）、親鸞《しんらん》（浄土真宗）、栄西（臨済宗）、道元（曹洞宗）、日蓮（日蓮宗）などが、比叡山で新仏教の礎を築いたのである。

中世は、群雄割拠の時代である。交通の要衝である近江は、「近江を制するものは天下を制する」といわれるほどの重要な地点であり、多くの山城が各地に築かれた時代でもある。室町時代は、近江源氏佐々木氏を祖とする京極氏が北近江、六角氏が南近江を領有した。その後、戦国期に入ると北近江に浅井《あざい》氏が台頭、織田信長、羽柴（豊臣）秀吉、石田三成、明智光秀などの武将がここに躍動した。朝倉・浅井連合軍と織田・徳川連合軍が争った姉川の合戦や、信長の死後、柴田勝家と羽柴秀吉が戦った賤ヶ岳《しずがたけ》の合戦はよく知られている。

文化の面では、応仁の乱によって戦渦を逃れてきた都の貴族藤原氏が琵琶湖畔の優れた風景を中国の瀟湘《しょうしょう》八景になぞらえて描いた近江八景が成立、仏教界においても、蓮如や一休宗純が近江を訪れ、偉大な足跡を残している。

近世、江戸時代には、彦根に城が築かれ徳川譜代大名の井伊家が治め、八幡や大津は幕府の代官所の直轄領となった。その他、幕府の旗本領や公家や寺社の領地のほか、膳所《ぜぜ》藩、大溝《おおみぞ》藩、水《みな》口《くち》藩などの小藩が置かれた。文化・学問分野では、武将であり作庭家・茶人でもある小堀遠州、「近江聖人」と呼ばれた陽明学者中江藤樹《とうじゅ》、朝鮮外交で偉大なる貢献を果たした雨森芳洲《あめのもりほうしゅう》、俳諧の北村季吟《きぎん》、近江をこよなく愛した松尾芭蕉、考古学の祖・木内石亭など多くの人物がここで活躍した。

そして、旧街道は大名行列で賑わい、西国巡礼や伊勢参りなどの巡礼者も近江を通り抜け、八幡・五個荘・日野・高島を本拠とする近江商人の活躍は近代にまで至り、近代日本の発展に寄与した。

近代に入ると、近江一国から成る滋賀県が誕生した。交通運輸では琵琶湖に蒸気船が浮かび、当時「陸蒸気《おかじょうき》」と呼ばれた汽車が走った。湖北には巨大な製糸工場が完成し、日本の近代化の一翼を担い、京都と大津を結ぶ琵琶湖疏水《そすい》は海外からの高度な土木技術を取り入れ竣成。アメリカから来たW・M・ヴォーリズは、建築や医療、教育などさまざまな社会事業を展開した。

このように、近江国は、どの時代にも日本の歴史にとって重要な人物が登場し、歴史的事件が勃発したという希有な場所であることがわかる。その理由は、既述のとおり、京の都に近く、交通の要衝であり、古くから仏教文化が栄え、自然環境に恵まれ、豊かな食文化が発展してきたことなど、取りあげるときりがない。

近江を歩くと、必ず興味ある発見に驚かされる。第二章では、筆者が近江を歩いて出会った物（モノ）と事（コト）を綴っている。

第二章

水と祈りの聖地

（一）山と祈り

近江は山の国でもある。中央に琵琶湖をたたえ、周りを山々に囲まれる地形は、滋賀県独自の自然環境である。それらの山々から、湧き出た命の水は、琵琶湖に向かって流れ出て、豊かな農作物を育てる。

古来、人々は命の水を育む山という存在に畏敬の念を持って接してきた。やがて、そこに神が宿り、仏が習合し、修行する高僧が現れ、山頂には祠や堂社が建てられた。修験道という日本独特の信仰もこの山を舞台に非常に早い時期から動き始めた。

近江の山々には、無数の宗教民俗が見られ、神仏が棲みつかない山は無いといっても過言でない。修行僧や山岳修験の行者たちは、山に入って霊力を蓄え、その力を人々の救済に使った。

その「山」というものには、どのような力があるのだろうか。

奈良時代の役《えんの》小角《おづぬ》、行基、泰澄、平安時代の最澄、鎌倉時代の比叡山の高僧たちは、少なくとも山に秘められた力を得た。その場所は、湖北の已高山であり、最高峰である伊吹山、比良山系、三上山、太郎坊山、綿向山……。そして比叡山であった。

(1) 比叡山延暦寺三塔を巡る

回峰の道

比叡山には七年かけて千日間山中や京都の町中を歩くという「千日回峰行」と呼ばれる厳しい修行がある。その中心地は、坂本から無動寺坂と呼ばれる急な山道を上った先にある無動寺である。その無動寺には千日回峰行の創始者相応和尚《そうおうかしょう》（八三一～九一八）が草庵を構えたことに始まる「明王堂」があり、五年間七百日の回峰行を終えた行者が九日間、断食・断水・不眠・不臥《ふが》という最も過酷な行がなされることで知られる。

石仏が並ぶ行者道

一日に回峰行者が歩く行者道は距離にして七里半。約三〇キロメートルと一般にいわれるが、実際にそこを歩く行者は、何キロを歩くという距離でなく、八という成就の数の一歩手前の七里半という言葉に意味を感じる。この道のりを毎日歩き、七年間で千日を闊歩するという回峰行。行者はその七里半の行程で二百ヶ所を超える場所に祈りを捧げるという。

天台宗は「法華経」を根本に置き、そこでは「草木国土悉皆成仏」すなわち山も川も草も木も人間も皆仏になれるという大乗仏教の教えが説かれている。行者はこの修行の中でその真理を悟るのであろうか。山上山下を歩き続けているとやがて無心となり、谷底から吹き上げてくる風を感じ、遠くでかすかに鳴く鳥の声を聞いた時、自分が山中に溶け込み自然と一体となる実感を得るのかもしれない。

東塔地区

比叡山延暦寺（大津市）は東塔《とうどう》・西塔《さいとう》・横川《よかわ》の三つの地区に分かれている。

東塔の国宝根本中堂は延暦寺の総本堂とも呼ばれる中心をなす建物である。本尊は伝教大師最澄が自刻した秘仏の薬師如来で、開山以来千二百年もの間灯り続けている「不滅の法灯」が中で揺らめく吊灯籠を見ることができる。延暦七年（七八八）に一条止観院として最澄が創建し、織田信長の焼き討ちの後、慈眼大師天海大僧正の進言によって三代将軍家光が寛永十九年（一六四二）に再建した。千年の時を超えてつながってきた灯火は、京という王城を護ってきた。根本中堂にはそんな威厳を持ち備え、堂々たる偉業をそこに感じることができる。

同じく東塔地区の「大講堂」は、その名のごとく仏教の教義を学ぶ講義室であり、現在も「法華大会《ほっけだいえ》」や「広学竪義《こうがくりゅうぎ》」など、山中で最も大切な教学行事が行われている。法然、親鸞、栄西、道元、日蓮などの鎌倉新仏教の祖師たちもこのような場所で学問研鑽の日々に明け暮れたのであろう。現在、堂内には高僧たちの大きな肖像画が飾られ、山内での厳しい修行を乗り越えた高僧たちの姿を見ることができる。

延暦寺根本中堂

「戒壇院」は、北嶺天台僧となるための戒律を授けるための重要な施設である。最澄は、南都仏教の小乗具足戒に対して大乗菩薩戒を授けるためにこの堂の建立を願ったが、教義の違いから南都の厳しい反対にあい実現せず、最澄の没後、五年目にして朝廷から許可が出たといわれている。人を含めすべてのものが仏になることができるという、比叡山の教えが、ここで授けられ、鎌倉仏教の祖師たちもここでこの戒めを受けて多くの衆生を救った。

「法華総寺院東塔」は、最澄が法華経を日本全国に広めるために設置した六処宝塔のうちの総元締めを担う建物（塔）で、「東塔」という地区の語源にもなった。その隣には、比叡山開山千百五十年を記念して昭和十二年（一九三七）に建立された「阿弥陀堂」がある。東塔とともに昭和の新しい建築物であるが、延暦寺の中心部を彩るにふさわしい風格を感じる。

東塔地区を出て、西塔地区へ向かう行者道に「弁慶水」と呼ばれる湧水がある。これは閼伽水《あかすい》と呼ばれ比叡山の厳しい修行を支える霊水として大切にされてきた。修行僧にとっても仏様にとっても欠かすことのできない霊水は、東塔と西塔の霊地を潤している。水屋の周りの杉は太く高くそびえ、この特別な空間を演出している。

西塔地区

智証大師円珍の遺骨を納めた真像が安置されている「山王院」を過ぎると坂道を下り、突き当たりに「浄土院」がある。「浄土院」は最澄の自作の秘仏阿弥陀如来像が安置されており、最澄の御廟所として三塔の中でも最も神聖なる場所である。ここでは、千日回峰行よりも厳しいとされる十二年籠山行の侍真制が置かれ、最澄が生きているかのように、給仕を行うのである。また、日々徹底した清掃が行われており、この地が「掃除地獄」と呼ばれる所以となっている。

西塔地区に入るとすぐに朱塗りの二つのお堂を見ることができる。「常行堂」と「法華堂」である。かつては念仏の道場として、法華経読誦や坐禅の道場として三塔すべての地区に配置されていたが、現在残っているのはこの西塔地区のみとなっている。二つの堂を結ぶ渡り廊下が特徴的で、武蔵坊弁慶がこの廊下を天秤棒のようにして担いだという伝承があり二つ合わせて「にない堂」と呼ばれる。常行堂では、九十日間念仏を唱えながら常に歩き続けるという常行三昧が、法華堂では、半分を歩き、半分を坐るという半行半坐三昧という行がなされている。

西塔地区の中心の堂舎は「釈迦堂」である。豊臣秀吉が命じて文禄四年（一五九五）に園城寺（三井寺）の金堂を移築したもので、延暦寺の中では最も古い建造物である。本尊は最澄が自刻したといわれる釈迦如来で、秘仏である。釈迦堂の近くには大きな「仏足石」がある。仏足石は釈迦の入滅後しばらくの間仏像を造ることができなかったため、足形を置いてその上に釈迦の存在を想像したことに始まる。扁平足でその上に描かれる幾何学模様や魚など動物の図像が面白い。西塔地区は釈迦仏の聖地である。

行者道　玉体杉

西塔地区から、横川地区まで三七〇〇メートル、「修禅峯道《しゅぜんみねみち》」と呼ばれる回峰行者が歩く聖なる尾根道がある。横川地区までのほぼ中間の地点に「玉体杉《ぎょくたいすぎ》」というスギの老木がそびえ、この老木の前に石造りの蓮台がある。回峰行者は回峰の途中にここに坐り、京都の御所に向かって国家安穏を祈念し祈りを込める。比叡山延暦寺は京都の鬼門を護るために建立されたというが、千年もの間、このようにして回峰行者が京都を眺められるこの地で日々祈りを続けてきた。回峰行の前半は自利行で、後半は利他行であるといわれる。自分のための行から、すべての衆生を救う行へと変わっていくというのであるが、古代から、京の王城すなわち日本国を護ってきたのである。

玉体杉から横川への途中に最澄が比叡山の地主権現とされる老翁と出会ったという「二宮釣垂岩《つりだれいわ》」がある。この岩の上には、かつて地主権現社が存在し、最澄が入山する以前からの地主神が鎮坐していた。比叡山の麓坂本には、元来比叡の山々を守護してきた地主神を祀る日吉大社があり、最澄の入山以降、諸仏と習合して仏法を護ってきた。その後、全国に広がった神仏習合というかたちは、比叡山延暦寺と日吉大社を源とする。したがって、回峰行者は日々必ず坂本に下《お》り、日吉大社の境内を巡り、祠に坐する多くの神々に祈りを捧げるのである。

玉体杉

横川地区

横川地区に入る。坂を下りていくと、湧水池（龍が池）に弁財天が祀られている。その前を見上げると、舞台造りによる朱塗りの柱が神々しい「横川中堂」を見ることができる。横川地区は慈覚大師円仁による嘉祥元年（八四八）首楞厳院《しゅりょうごんいん》（現横川中堂）の創建に始まる。円仁はここ横川を中心に慈恵大師良源、恵心僧都源信、法然、親鸞とつながる念仏浄土信仰の礎を築いた。横川中堂の本尊は聖観音菩薩で、横川は観音の聖地である。観音菩薩は三十三に姿を変えて衆生を救うとされ、西国三十三所の観音巡礼が今も信仰を集めている。横川地区には、その三十三観音巡礼が実践できるよう観音さまの石仏が一番札所の青岸渡寺から三十三番華厳寺まで順に並んでいる。

横川には、慈恵大師（元三大師）良源（九一二〜九八五）ゆかりの「元三大師堂」がある。元三大師堂は元三大師良源が住房としていた定心房を起源とし、良源が四季それぞれに年四回、法華経を中心とした大乗教典の講義を行ったことから四季講堂とも呼ばれている。以来、法華八講などの論議法要が厳格に行われたことから、この堂は「看経《かんき》地獄」と呼ばれた。また、元三大師はおみくじの創始者であるという伝説や「角大師《つのだいし》」「鬼大師」「豆大師」などの異名があり、それぞれ興味深い伝説とともに根強い民間信仰が今もなお息づいている。

横川の元三大師堂に向かう参道

元三大師堂から南に山道を行くと、「恵心堂」がある。「恵心堂」は元三大師良源の弟子として『往生要集《おうじょうようしゅう》』を執筆し、日本における浄土思想を大成させた恵心僧都源信（九四二〜一〇一七）が修行した場所である。修行中の源信が、横川から琵琶湖を眺めていた時、琵琶湖の湖面に炎立つ行き場のない無数の魂を見つけ、その魂を成仏させるために山を下りて千体の阿弥陀仏を彫って、湖中に堂宇を建て奉納した。それが堅田の浮御堂《うきみどう》であるという。比叡山と琵琶湖を結ぶ伝説である。

比叡山では、すべてのものが仏になれるという法華一乗の思想が根底に流れている。そこで学んだ法然や親鸞は、念仏を唱えることで多くの衆生を浄土の世界へと導き、栄西や道元は、坐禅によって仏に近づこうとした。その根本の教えが、日本全国に広がるわけであるが、その膝元である近江には、無数の神仏とそれに付随する伝説や祭礼が今も連綿と受け継がれている。祈りの国「近江」の根元は、この比叡山にあるといえようか。自然と、そして神仏とともに、謙虚で、そして幸せに暮らす人々の姿が近江いたるところに見られるのである。

(2)　菅山寺と天満宮

湖北木之本宿（長浜市）から北国街道を北に旧道を進むと、右手に大箕山《おおみやま》と書かれた大きな扁額の付いた朱塗の鳥居が現れ、前に「天満宮古跡」と刻まれた大きな石塔がある。ここが、大箕山の山中にある菅山寺《かんざんじ》への登山口である。菅山寺は天平勝宝八年（七五六）に開山。寛平元年（八八九）に余呉湖で天女の子として生まれたという伝説を持つ平安の貴族菅原道真（八四五～九〇三）によって再興されたといわれている。

菅山寺への登山道すなわち参道には、一〇メートル程度の等間隔で像高約三〇センチの苔むした石仏が点在している。その石仏は僧形の坐像で密教の法具と数珠を持っていることから弘法大師と考えられる。四国では弘法大師にまつわる八十八ヶ所の霊場巡りが著名であるが、全国各地にも弘法大師にまつわる民間信仰が広がり、一定の場所に八十八ヶ所の弘法大師像や掛軸などが置かれる「ミニ霊場めぐり」なるものが存在する。要するに数時間で八十八ヶ所すべてを巡ることができ、満願かなうのである。近江にも、八十八ヶ所巡りを体験できる場所が数多くあるが、ここはその北限であるといえるかもしれない。

ケヤキの門

弘法大師に祈りを捧げながら山を登ると、歴代住職の墓石群が現れ、菅山寺にたどり着く。菅原道真が四十四歳のとき当寺を再興した記念に植えたと伝えられる樹齢千余年といわれるケヤキの古木が二本並び、菅山寺の自然の山門をつくり出していた。幹の太さは五メートル以上になり、滋賀県指定自然記念物に指定され、千年もの長い間、この地を見てきた老木の偉容は、単なる美しさという表現では表すことができない神秘的な力を秘めている。しかしながら残念なことに、平成二十九年(二〇一七)秋の台風によって一本が倒れてしまった。

その門をくぐると、護摩堂や庫裡が静謐《せいひつ》な空間に佇み、かつて三院四十九坊といわれた全盛期を想像することはかなわない。今にも朽ち果てそうであるが何ともいえない趣のある本堂と鐘堂、経堂、そしてその奥に朱雀池と呼ばれる池がある。この池は道真が自分の姿を映した「姿見の池」としても知られる。池の中には弁財天堂もあり、雨乞い祈願がなされる霊験高い池である。

ケヤキの老木が並んでいた菅山寺の門
(平成23年当時)

弘法水と弘法大師の石像

そして、ケヤキの門の奥にある庫裡の下に「弘法水」と呼ばれる湧き水がある。井戸のように自然の石を利用して四角く囲まれている底から水が湧き出ており、その上に弘法大師の石像が静かにその水を見つめている。伊豆の修善寺温泉に代表されるように日本各地に弘法大師が開いたという伝説を持つ湧き水や温泉はたくさんある。菅山寺自体が真言宗であることも所以であろうが、この「弘法水」も間違いなく弘法大師によるものであろう。菅山寺までの登山道に点在する弘法大師像の数を数えることはしていないが、「弘法水」を見つめていた大師像は、八十八体目の像であったのだろう。

弘法大師像に見守られる「弘法水」

寺院に湧水あり。特に山中においては湧水あるところに寺院が建立される。菅山寺は朱雀池と弘法水という水に恵まれた寺院である。今はその姿を見ることはできないが、かつて多くの修行僧がこの霊験あらたかな水を神仏に捧げ、修行に励んだことであろう。

(3)　荒神山と太鼓登山

ＪＲ河瀬駅から琵琶湖に向かうと霊峰荒神山（彦根市）がある。

周辺の長閑《のどか》な田畑にはようやく緑が見えはじめ、春の匂いを身体に感じる四月半ば、荒神山の南麓の登り口に近づくと、四方八方から太鼓と鉦の音が聞こえてきた。荒神山南側の中腹に位置する稲村神社の鳥居前には白や緑の法被《はっぴ》姿の男性が群がり、この地域の春祭りが行われるのである。

稲村神社は社伝によると、その歴史は古く、天智天皇六年（六六七）、常陸国久慈郡稲村に鎮坐していた祭神を稲里町に分霊したのに始まり、平流庄《へるのしょう》十三ヶ村の産土神《うぶすながみ》としてあがめられてきた。明治三十九年（一九〇六）に政府が発した「神社合祀令」によって、近隣の小宮（無格神社）二十社が稲村神社に合祀され、以後、稲村神社の祭神は荒神山の南麓一帯いわゆる稲枝地区の氏神となった。

稲村神社の春季例大祭は、九つの氏子村からそれぞれ大太鼓が繰り出し、荒神山中腹にある社殿に奉納するという「太鼓登山」が中心となる。各氏子村が所有する大太鼓は「社中」と呼ばれる組織が管理し、太鼓登山を運営する。稲村神社には薩摩、下石寺、上岡部、稲里、稲部、金沢、下岡部、金田、上石寺という九つの社中があり、それぞれの村で独自に運営されている。

稲村神社に登る大太鼓

各村から集まってきた大太鼓は、社中の担ぎ手によって山を登り始める。その順番はあらかじめ決まっている。毎年、順番は変わるが、かつては先を争って騒動になったこともあるという。最も大きな太鼓は下石寺社中のもので、滋賀県立大学の調査によると、胴の長さが一八八センチ、小口径が一四五センチある。大きなかけ声とともに大太鼓が坂を上るシーンは勇壮で、見物人にも力が入る。社殿の前では全員で息を合わせより高く大きく太鼓を揺さぶり奉納される。

稲村神社に登る大太鼓

荒神山神社本殿

「太鼓登山」の起源はよくわからないが、雨乞いとともに五穀豊穣を願って大太鼓を奉納し、この祭りが終了すると、各村で田植えが始まるという。また、社中によって異なるというが、祭りの準備は連中《れんじゅう》と呼ばれる子供から青年までのグループが行う。年齢に従って上連《うわづれ》・中連《なかづれ》・下連《したづれ》と分かれて、太鼓のしつらえや、道中の整備などそれぞれの役割を若者たちが行うことになっている。

近江には、このような祭礼が数多く見られるが、祭礼当日、氏子村では長老から若者までが一つになって、祭礼を行い、終了後は村人総出で直会《なおらい》を行って親睦をはかる。そこに現代社会に必要とされる理想的な地縁、血縁のコミュニティを垣間見ることができるのである。

「かまど」の神様　荒神山神社

荒神山山頂には荒神山神社がある。神社の入口には三十段ほどの急な石段があり、階段を上りきった左手に、奈良時代に行基菩薩が伊勢神宮へお参りした時に外宮の神木「宇賀ダマ」の木を授かり、この地に植えたという伝説の「ダマの木」（樹齢千二百年と伝えられる）と呼ばれる老木がある。

『近江輿地志略』によると、この神社は聖武天皇の御代、行基菩薩が犬上郡四十九院を創建した時、荒神山に登り、そこを秀麗なる地と感じ、奥の院として奥山寺を建立した。そして、本尊を大日如来、左右に文殊菩薩と不動明王を安置したと伝えられる。しかし、戦国時代には比叡山派であったため信長に焼き払われ多くの宝物や古文書を消失し、慶応四年（一八六八）の「神仏分離令」によって奥山寺は廃され、荒神山神社として現在に至っている。

主神は火産霊神《ほむすびのかみ》・奥津日子神《おきつひこのかみ》・奥津比売神《おきつひめのかみ》という三神で、「火の神様」「かまど（台所）の神様」として庶民の信仰を集めている。毎年六月末に行われる水無月祭の神事である「茅の輪くぐり」は大勢の参拝者で賑わう。

荒神山古墳

境内には眼下に琵琶湖が望める見晴らしの良い広場があり、そこにはこの山のシンボルともいえるテレビ局の大きな電波塔がそびえ立つ。そこから琵琶湖を眺めると、手前に多景島が見えその直線上の奥に竹生島を見ることができる。東に湖東の平野を西には琵琶湖を一望できるこの山は、時代を超えて周辺地域の信仰の対象となってきたのである。

巨大前方後円墳

山頂から北麓に下りる山道を行くと、荒神山古墳と呼ばれる古墳がある。この古墳は全長一二四メートルの巨大古墳で、古墳時代前期（四世紀末）の前方後円墳と推定され、国の史跡に指定されている。埋葬施設部分は盗掘されたため、埋葬者の手がかりは全くないが、湖畔のこの場所に埋葬されているところを見ると湖上交通権を掌握した豪族である可能性があり、一説には遣隋使として、また、最初の遣唐使として中国に渡った犬上《いぬがみの》御《み》田鍬《たすき》の一族ではないかともいわれている。古代のロマンを感じる遺跡である。

二代目伊藤忠兵衛の句碑

山の稜線をたどりながら、北麓を目指して下りていくと琵琶湖が眺められる小さな広場に俳句が刻まれている句碑がある。「芦の芽や　志賀のさざなみ　やむときなし　　疇坪」と読め、句碑の後ろには詳しくこの俳句の解説がされている。作者は丸紅・伊藤忠商事などの総合商社を次々に設立した伊藤忠兵衛の事業を引き継いだ二代目伊藤忠兵衛（一八八六～一九七三）である。

2代目伊藤忠兵衛の句碑

昭和五年（一九三〇）に国の政策で日本百景を選出しようと俳句の公募があり、この句が「帝国風景院賞」を受賞したとのことで、「ヤム　トキノ　ナイ　シガノ　サザナミト　トモニ　コノ　句ノ　長ク　伝ワランコトヲ　ネガイ……」とこの句碑が建てられた経緯が書かれている。当時の日本の経済を牽引し、常に世界に目を向け一線で活躍していた実業家が、一方で故郷の自然をこよなく愛し、後世にその「美」を伝えようとした事実は特筆すべきである。二代目伊藤忠兵衛は、商売だけに邁進するのではなく、社会奉仕や公共事業にも目を向ける「三方よし」の精神を引き継いだ真の近江商人であるといえよう。

唐崎神社の祭礼

荒神山の北麓には唐崎神社《とうざきじんじゃ》と呼ばれる神社があり、日夏地区全体の産土神を祀っている。ここでは、稲村神社の祭礼と同じく大きな太鼓が大勢の人たちによって担がれる春祭りが同日に行われる。稲村神社の太鼓登山との違いは、神社に奉納される太鼓が二つであるというところである。稲村神社と同じく九つの氏子村がそれぞれ大太鼓を持っているが、毎年交代で二つの氏子村のみが太鼓を準備して祭神に奉納するのである。

荒神山を挟んで南の稲枝地区を稲村神社が、北の日夏地区を唐崎神社がそれぞれの地域を護っている。雨乞いと五穀豊穣の祈願が中心となる春祭り。祭りを支える人々からは、過去の水害の被害の話や、水争いの話などが語られていた。やはり農耕にとって、また人々の生活にとって「水」は大切な生命線である。蛇口をひねるといつでも水が出てくるという現代の生活においてはその「水」に対する畏敬の念を忘れがちであるが、このような祭礼に触れると、改めて「水」の大切さを感じる。

荒神山は山頂に「火」の神が祀られ、祭礼の日には、麓で五穀豊穣を願って「水」を呼ぶための太鼓が鳴り響く。春祭りの一日、山全体が信仰の対象であるともいえる荒神山の神々は、麓の人々ともに歓喜に沸くのである。

唐崎神社の大太鼓

(4)　三上山と妙光山、野洲周辺

三上山の伝承

琵琶湖の東に広がる平野には峰々からはなれた独立峰が多くあり、周辺の村々から神々しく崇められるその地理的な存在が、そこに神がいつく理由となっているのであろう。必ずと言って良いほど、その山々の頂には神が鎮坐する。そのような近江の独立峰の中で「近江富士」という名で広く知られる三上山(野洲市)は、それらの代表といえる。

三上山の山頂から比叡山を望む。手前は野洲川

三上山は、そこに棲む大ムカデを武勇名高い藤原秀郷(別名俵藤太、生没不詳)が退治したという伝説で知られる。平安時代の後期は平将門や藤原純友などが中央政府に対して反乱を起こし、秀郷や源氏、平氏などの武士団の棟梁がそれら反勢力を討伐するという時代であった。俵藤太のムカデ退治伝説は、おそらく三上山周辺を領有する反朝廷勢力を、朝廷軍が平定したという出来事が伝説となったのではないかと思う。

興味深いのは、誰が秀郷にムカデ退治を頼んだかである。

琵琶湖の湖底にある竜宮に住む竜神が、大ムカデの悪事にたまりかね、それを退治する勇気あるものを探すために、勢田(瀬田)の唐橋で大蛇の姿になって寝そべった。多くの人はその大蛇に恐れをなして近寄らないが、唯一、都の武将藤原秀郷のみが恐れず、大蛇をまたいで橋を渡ったという。竜神は、この武将ならできると秀郷にムカデ退治を懇願したという。琵琶湖周辺の平和を守ったのは、湖の底に住む水の神様であったのだ。

三上山

大ムカデが七巻半巻いていたという標高四三二メートルの独立峰。きれいな三角錐の造形は、近江富士の名を与えるにふさわしい。

山道の登り口には妙見堂跡がある。妙見信仰とは北極星（北辰）に関係し、中国の道教などが混淆したもので、日本では房総半島の北辰一刀流の開祖千葉氏がそれを信仰していたことで知られる。かつてこの地域を三上藩として領有していた遠藤氏が千葉氏の出身であり、妙見信仰をこの地に根付かせたという。今はお堂の礎石や石灯籠のみとなっているが、往時は盛んに信仰されていたと想像できる。ここから少し離れた野洲市役所の前に佇む「三上妙見　従是十三町」と彫られた古い道標は、それを証明している。

妙見堂跡を過ぎると急勾配の山道が続き、岩肌や巨岩の姿が見えはじめ、中でも象徴的な岩が「割岩《われいわ》」と呼ばれるものである。巨岩が大きく真二つに左右に割れ、人が一人通れる空間がある。

行畑から見た三上山

野洲市役所前の妙見堂跡への道標

その「割岩」を過ぎると山頂まで二〇〇メートル。山頂の手前で琵琶湖方面を一望できる場所があり、美しい比良連峰と琵琶湖、そして野洲川の流れを見ることができる。

山頂には小さな祠とその前に周囲が五、六メートルほどであろうか、しめ縄が張り巡らされた大きな磐座《いわくら》が鎮坐する。孝霊天皇六年（二九六）、六月十八日に天照大御神の孫にあたる天御影之神がここに降臨し、この磐座は奥津磐座と呼ばれ、神聖視されている。山中には多くの清水が蓄えられており、麓の人々はそれらを竜王様と呼び、水の神としての信仰が今も伝えられている。毎年六月十八日の降臨の日には山上祭が行われ、未明から多くの登山者があるという。まさに神の山であるといえる。

妙光寺山磨崖仏

三上山を半分程度下りると、妙光寺山への尾根道に入り、なだらかな尾根道を上ったり下ったり、という気持ちのよいハイキングコースとなる。標高二七〇メートルの妙光寺山頂を通過して、野洲方面に下りたところに、銅鐸をかたどった看板があり、その看板から少し歩いた左手の岩肌に「妙光寺山磨崖仏」がある。畳一畳程度の彫り込みの中に、高さ一六〇センチ、厚さ一〇センチの大きさで彫り出してある地蔵菩薩立像である。像の右に元亨四年（一三二四）七月十日造立、左に願主経貞と刻銘されたこの像は、靴を履いているという非常に珍しい石仏である。元亨年間は

妙光寺山磨崖仏

鎌倉時代末期で後醍醐天皇が親政を行うものの武家勢力との力が不均衡で、非常に乱れた時代であった。地獄に落ちた衆生を救うという地蔵菩薩。そんな時代に優しいまなざしで多くの衆生を救ったであろう。

福林寺跡磨崖仏

野洲中学校の裏手に福林寺跡と呼ばれる史跡があり、その周辺にたくさんの磨崖仏が散在している。「福林寺跡磨崖仏」である。一つの平たい巨石の側面に、四五センチほどの手を合わせた地蔵菩薩が十三体、平肉彫りで彫られている。その他、観音菩薩や阿弥陀如来など種類も彫り方もさまざまである。中でも巨岩に深く彫られた観音菩薩と思われる美しい仏様は見応えがある。しかし、その観音様の周りをよく見ると、大きな鏨《たがね》が打ち込まれた跡が複数あり、この磨崖仏を割って持ち去ろうとした形跡が見られるのは残念である。

巨木や巨石に神仏が宿るという信仰は、日本の至る所で見られるが、溶け込むように仏様が現れ、苔むした姿に言葉にならない磨崖仏の魅力を感じる。磨崖仏以外にも小さな石仏や五輪塔などもたくさん見られ、古《いにしえ》の信仰の深さを感じるのである。現在は、ひっそりとした山麓であるが、かつてこの地域一帯には多くの人々の営みがあったのであろう。

福林寺跡磨崖仏

朝鮮人街道（左）と中山道の分岐点

祇王井川

三上山の麓には、この他にも山と水の祈りに関する伝説が残っている。

祇王井川

野洲小学校の前を流れる水路は「祇王井川《ぎおういがわ》」と呼ばれ、平清盛に寵愛された白拍子の祇王が清盛に懇願して旱魃で悩まされている古里であるこの地に野洲川から全長三里（約一二キロメートル）におよぶ水路を引き入れたと伝えられている。野洲市中北にある妓王寺《ぎおうじ》の堂内には祇王とその妹祇女、母の刀自、そして祇王らとともに平家物語に登場する仏御前の四体の木像が安置され、今もその灌漑の偉業を讃えて村人たちが法要を営んでいる。

朝鮮人街道と中山道の分岐点と背くらべ地蔵

野洲小学校の前の朝鮮人街道をそのまま守山方面に進むと、中山道との分岐点に差し掛かる。この地は行畑《ゆきはた》という地名であるが、かつては朝鮮人街道と中山道が合流し、多くの人々が「行き合う」場所であったことから、行合《ゆきあい》村と呼ばれていたという。その先の蓮照寺の境内に、かつてこの地点にあったという享保四年（一七一九）に建てられた古い道標があり、そこには「右中山道、左八まんみち」という文字が深く刻まれている。江戸時代、この地から近江八幡までの朝鮮人街道は「八まんみち」と呼ばれていた。

その蓮照寺の手前に、背くらべ地蔵という、大小二体の石仏が並んでいる。左の大きな石仏は阿弥陀如来で、右の小さな仏様が背くらべ地蔵である。昔は乳幼児死亡率が高くこの仏様より背が高くなると、後はすくすく育ってくれるといわれるようになり、いつしか「背くらべ地蔵」と呼ばれるようになったという。地蔵様より大きくなるように子供の成長を願う親の純粋な思いがこの地蔵に溶け込んでいる。

御上神社の国宝本殿

御上神社　国宝本殿

三上山の麓には国宝の本殿で知られる御上神社が鎮坐する。

御上神社は『古事記』の開化天皇の段に「近つ淡海の御上祝《はふり》がもちいつく天之御影神」という記事があり、近江を代表する古社である。社伝によると孝霊天皇六年（二九六）六月十八日に天御影之神が三上山に降臨し、養老二年（七一八）に藤原不比等が勅命によって社殿をつくらせたという。

国宝の本殿は、鎌倉時代後期の建築で、仏教建築の影響を受けた入母屋造の建築様式としては最古のものとして知られ、その本殿と重要文化財の拝殿との間に三上山の頂を見ることができる。

また、この神社には四季折々の祭礼が営まれているが、中でも秋祭りとして「ずいき」（里芋の茎）でつくられた神輿が奉納される「ずいき祭り」が広く知られる。例年十月九日から十四日にかけて行われ、最終日に行われる「芝原式」は中世の宮座神事の面影を残しており、その最後に化粧まわしをつけた子供たちによる相撲が奉納されるという。この相撲の奉納はかけ声を発するのみで、相撲の勝敗は決めないという。当社には鎌倉時代の作と伝えられ、県指定有形文化財の「木造相撲人形」があり、神像風の行司とがっぷり四つに組んだ力強い力士が一対となっている。この人形は写真でしか見ることはできなかったが、かつての相撲神事は、力自慢の本格的な力士が集まり、神の前でその力を見せ奉納していたのであろうか。

(5) 蒲生野と太郎坊宮

太郎坊宮の磐座と万葉の蒲生野

近江鉄道の市辺《いちのべ》駅から北西になだらかな船岡山が見え、その麓に阿賀神社がある。拝殿の奥の大きな岩の前に本殿があり、その右手の奥のしめ縄の張られた岩の間にひっそりと小宮が祀られている。その本殿を西の方角に出ると、万葉のロマン漂う田園風景が眼前に広がる。そこは万葉文化を多くの人々に紹介するために公園として整備され、大《おお》海人《あまの》皇子《みこ》（後の天武天皇）と額田王《ぬかたのおおきみ》が恋歌を交わした情景を日本画家で成安造形大学名誉教授の大野俊明氏が美しく描いた巨大レリーフが設置されている。平成三年（一九九一）に制作された物であるが、陶板でできているため、今もなお色あせることなく鮮明である。

右手の岩に彫られた岩戸山十三仏を祀る祠

巨石の間に祀られる阿賀神社の小宮

大津に都が置かれた七世紀、ここ蒲生野は貴族の遊猟の地であった。船岡山に登ると、大きな自然の岩に『元暦校本万葉集』の原本そのままの文字で彫られた万葉の歌の石板がはめ込まれている。

「茜《あかね》さす紫野行き標野《しめの》行き野守《のもり》は見ずや君が袖ふる」（額田王）

「紫草《むらさき》のにほへる妹《いも》を憎くあらば人妻故《ゆえ》にわれ恋ひめやも」（大海人皇子）

民間信仰の舞台　岩戸山十三仏

古代ロマンに満ちた風景を持つ公園の北側に岩戸山がある。山頂付近に「十三仏」という摩崖仏がある。岩戸山参道の入口には「新四國八十八箇所霊場」と彫られた大人の身長ほどの大きな石柱があり、参道の両脇には弘法大師と四国八十八ヶ所霊場の各本尊が一対となった石仏が並び、その他にも地蔵菩薩や阿弥陀如来、不動明王などが至る所に安置され、大きな無数の奇岩にはきれいな紅白の布が巻かれている。

山頂付近には巨岩に聖徳太子（五七四〜六二二）が自らの爪で彫ったと言い伝えられる磨崖仏「十三仏」が祠に祀られている。

この地域にはこの地以外にも聖徳太子にまつわる伝承を持つ社寺

がたくさんある。このことは近江の地が遠く朝鮮半島から飛鳥・奈良の都につながる文化の通り道であったことを物語っている。

その十三仏の祠の中は、つい今しがたまで線香が焚かれ、ロウソクにあかりが灯されていた形跡があった。ここは宗派を問わず、何ら教義もない、いわゆる民間信仰の一つの聖地であり、多くの信仰者を包容しているのである。

小脇山、箕作山、そして太郎坊山へ

岩戸山の山頂から眺められる蒲生野は絶景である。遠くには琵琶湖や比叡比良の稜線までが鮮やかに眺められ、万葉の恋歌が脳裏に浮かんでくる。

そこから尾根道を小脇山、箕作山そして太郎坊山へと進むことができる。小脇山山頂の手前の石垣が「小脇山城遺跡」で、いわゆる城跡である。確かに地図で見るとこの地は八風街道と中山道の交差点を見下ろす交通の要衝を押さえる地点であり、中山道の西側には佐々木氏の観音寺城があった繖山《きぬがさやま》、そのまた西側には朝鮮人街道が、そしてその向こうに安土城趾がある。

まさにここは近江の中においても軍事上大変重要な場所であった。今では気持ちの良いハイキングコースであるが、戦国の世は兵士が命をかけてこの地を守り、そして常に張りつめた雰囲気の中、敵の襲来に備えて街道を見張っていたのであろう。

小脇山城の石垣跡

崩れかけた石垣を見ながら古《いにしえ》を追体験することができる。

そこから尾根道を数十分歩くと太郎防山山頂（三五〇メートル）である。麓から確認できる巨岩がゴロゴロある中に山頂の表示が松の木にかかっていた。

太郎坊宮

麓からではなく、太郎坊山から太郎坊宮を目指して上から山を下りるかたちで太郎坊宮へ入る。七世紀の創建と伝えられ、京都愛宕山の太郎坊天狗がこの山で修行し、大神の守護神となったということから太郎坊宮と呼ばれるようになったといわれている。また、別に役《えんの》小角《おづぬ》の弟子の太郎坊がこの山で修行したという伝説もある。いずれにしても、天台山岳仏教と修験道、そして神々が複雑に習合して今の姿がある。

麓から見上げる太郎坊山は岩石が露出する神秘的な容貌を持つため、古代から神宿る霊山として崇められ、神体山信仰の典型的なかたちとして信仰されてきた。神体山が多い近江の独立峰の中でも三上山と並んで代表的な山であるといえる。

太郎坊宮の巨岩信仰

本殿は中腹の竜神舎から少し階段を上ったところにあるが、その手前に夫婦岩と呼ばれる高さ数十メートルの二つの巨岩が迎えてくれる。言い伝えによると、大神の神力で、幅八〇センチ、長さ一二メートルにわたって真二つに押し開かれたとされている。この岩の間を通って参拝する者は、即座に病苦を除き、諸願がかなうが、悪心ある者は両岩に挟まれてしまう、また、子供に

太郎坊宮本殿前の夫婦岩

岩の上に建つ太郎坊宮本殿

は悪い事をしたり、嘘をつくと挟まれるといわれ、庶民信仰の対象となっている。両岩が迫り、入口から出口まで約一二メートルあるので確かにかなりの圧迫感がある。嘘をついたことがある子供なら、ぜひとも避けたい場所であろう。

本殿の前には、大きな立て札があり、祭神が天照大神の第一皇子神で勝運授福の神であると書かれている。必勝の神である本殿の手前に修行中の源義経が鞍馬寺から下山して、奥州へ向かう中、ここを訪ね源氏の再興を祈願して腰掛けたという腰掛岩があった。義経もここで勝利を祈ったのであろう。

太郎坊宮参集殿と成願寺

太郎坊宮を麓から眺めると、そのシンボルともいえる山肌にへばりつくように建設されている神殿のような建物に目が止まる。そこは「参集殿」呼ばれ、太郎坊宮の社務所や研修道場があり、結婚式や披露宴にも使用される。麓の集落の祭礼日には大きな祝宴が行われ大勢の人で賑う。

参集殿を出て、下に向かう階段に多くの木造鳥居が並んでいる。数えきれないほどの鳥居が林立し、鳥居のトンネルとなっている。よく見るとそれぞれに墨書きされた寄進者の住所と名前が見える。

太郎坊宮麓の成願寺

いつ頃から、このような寄進が行われているのか知ることはかなわないが、これだけ多くの人々の厚い信仰がここにあることだけはこれらの鳥居で確認できる。多くの鳥居をくぐり抜けると、麓の成願寺に出る。かつては太郎坊宮と習合していたというこの寺院は延暦十八年(七九九)に最澄により建立されたとされる古刹である。本堂の前には鎌倉時代末期とされる石造灯籠があり、ここでもまた深い歴史を感じることができた。

蒲生野を含む太郎坊山周辺は、飛鳥時代にまで遡る聖徳太子の伝承や万葉のロマン漂う太古の歴史と、岩や樹木に神仏が宿るという自然信仰、また、特定の教義や宗派の慣習に縛られない民間信仰の極みを体感できる聖地である。科学技術が進歩し、何もかもが人間の力によって支配できるという神話に包まれた二十世紀が終焉し、そのしっぺ返しを受けながら混沌とする現代社会。二十一世紀の社会のあり方を人々は考えはじめている。岩戸山で十三仏を熱心に拝む人や参道の岩や石仏に手を合わせながら歩く人々、太郎坊宮に何度も足を運ぶ人たち……。山や川、岩や草木に神仏を感じ、それらとともに暮らす人々は自然に対して謙虚であらねばならない。このような純粋な信仰の姿に現代社会の諸問題を解決する糸口が見つけ出せるのではないかと常々思うのである。これについては、最終章で述べてみたい。

馬見岡綿向神社と大嵩神社式年遷宮

近江鉄道の日野駅から本町通りを東へ四キロメートルほど歩くと、「縣社馬見岡綿向神社」と彫られた大きな石碑があり、そこを左に折れ、その参道の突き当たりに、馬見岡綿向《うまみおかわたむき》神社がある。

境内は、鎮守の森に囲まれ、その中央の空間に芝生と砂利の参道が美しく整備されている。例大祭である日野祭当日には、芝生の上に絢爛豪華な十六基の曳山が並び、境内全体が多くの見物人で埋め尽くされ、熱気に溢れる「ハレ」の日となる。大きな神明鳥居のをくぐると石造りの太鼓橋があり、それを渡ると拝殿、そしてその向こうに本殿が佇む。

拝殿の左には、絵馬堂があり、多くの絵馬が掲げられている。その中には、著名な「祭礼渡御の図」があった。谷田輔長筆で文化九年（一八一二）に日野商人中井氏が奉納した絵馬であるが、御旅所に巡行する多くの人々が生き生きと描かれている。

馬見岡綿向神社の歴史は古く、欽明天皇六年（五四五）、東方に気高くそびえる綿向山山頂に神々を迎えたことに始まり、延暦十五年（七九六）に里宮としてこの地に祀られたという。以後、蒲生郡日野の産土神として、この地域の中心に位置し、戦国期の蒲生氏や日野商人の信仰の対象となった。明治四十二年（一九〇九）

綿向山頂上にある大嵩神社の鳥居と旧社殿

大嵩神社式年遷宮で用いられたカヤの木

には県社となり、長らく続けられてきた当神社の例大祭である日野祭は、現在県の無形文化財に指定されている。

また、珍しい祭礼行事として伊勢神宮に見られる式年遷宮がこの馬見岡綿向神社で行われている。当神社の奥之宮で、綿向山頂に鎮坐する大嵩《おおだけ》神社の社殿が、二十年ごとに建て替えられるのである。近年では平成二十八年（二〇一六）に第七十五回大嵩神社式年遷宮として斎行された。二十年に一度の祭礼が、七十五回も続いてきたというこの歴史の営みは、そこに暮らす人々と、日野商人の信仰の力というべきであろう。

日野商人に限らず近江商人の家訓には、ひたむきに神仏を礼拝することや、同時に陰徳善事の励行がうたわれている。見返りを求めず、自分が生かされている地域のためにさまざまな奉仕をすることが商人としての生きる道であるとしているのだ。産土神や氏寺を心から大切にしてきたことが日野の祭りを見ていると理解できる。

綿向山と愛する会

馬見岡綿向神社の奥宮が鎮坐する日野の町のシンボル綿向山。標高千メートルを超える頂上までの山道は、驚くほど美しく整備されている。それは、「綿向山を愛する会」会員の尽力による。平成八年（一九九六）に、綿向山の標高一一一〇メートルにちなんで、十一月十日が綿向山の日と制定され、その後、「綿向山を愛する会」が発足、以後毎年、この記念日に山中でコンサート等のイベントを開催、多くの登山者で賑わうという。三合目付近の山小屋は、お土産物の販売や登山者の休憩に利用され、山道は百三十名の愛する会のメンバーによって山頂まで整備されている。この山を中心として地域の活性化が進められている。
綿向山には、式年遷宮という連綿と続けられてきた伝統的な祭礼と、山を愛する会が主催する現代の祭りが共存し、この霊山は、日野地域の重要な信仰の対象でありながら、山を愛する人々が集う大切な交流の場でもあるのだ。

(6) 金勝アルプス竜王山

草津川の上流、鶏冠山《けいかん》、金勝山《こんぜ》、竜王山と連なる山々は金勝アルプスと呼ばれ親しまれている。近江には竜と名の付く山や地名がたくさんあるが、これは農耕と結びついた水の神である竜神にまつわる信仰によると考えられる。その代表である竜王山には、かつて栄えた仏教文化の遺物が多く伝えられ、また、山頂付近には風化した奇岩があらゆるところに露出するという神秘的で特異な風景を醸し出している。

オランダ堰堤

大津市上田上《かみたなかみ》の上桐生のバス停から竜王山頂上を目指す山道に入ると、明治十五年（一八八二）にオランダ人デ・レーケの指導よって建設された「オランダ堰堤」と呼ばれる砂防ダムがある。湖南地域の山々は表土が流出しやすい花崗岩地質に加えて、奈良時代の南都造営時に多くの木材を伐採したという歴史があり、麓の住民は長らく土砂災害に悩まされてきた。堰堤は草津川（旧

逆さ観音

オランダ堰堤とデ・レーケ胸像

草津川）の上流に位置するが、この川は土砂が堆積して川床が上がる天井川として全国的に知られる。コンクリートで固められたものとは異なり、切石布積みアーチ式のオランダ堰堤は自然に溶け込んだ造形美を持ち、近代建築の遺産として大切に残されている。

逆さ観音

堰堤から十分ほどハイキングコースを進むと「逆さ観音」と呼ばれる磨崖仏に出会う。巨岩に彫られた三尊形式の磨崖仏は何らかの力によって壁面がずり落ちて逆さの位置で落ち着き、その名が付けられた。観音と呼ばれるが、阿弥陀如来を中心として両脇に観音・勢至を配した三尊である。土砂災害が多いこの地域にあって、ずり落ちて逆さになってもその逆境に耐え民衆をやさしく守ってくれるという民間信仰が「観音」という名を定着させたのであろうと想像できる。

狛坂磨崖仏

険しい岩山の間を登ると、狛坂《こまさか》廃寺跡に出る。そこではかなり古い年代を感じさせる堅牢な石垣と、「狛坂磨崖仏」という県内

茶沸観音

狛坂磨崖仏

で最も著名な磨崖仏が鎮坐する。高さ六・三メートル、幅四・五メートルの巨大な花崗岩に石仏が浮き彫りされている。奈良時代に遡る作風であるとされているが、朝鮮文化の影響を強く持っているため、じっくりとこの磨崖仏に対峙すると、異国の山林に迷い込んだ錯覚に陥る。かつて竜王山を含む金勝アルプス全体が一つの大きな宗教文化圏を形成していた。廃寺となった狛坂寺はその大きな宗教文化圏の中でも重要な位置を占め、磨崖仏が誕生した当時の繁栄を想像することができる。

茶沸観音と重ね岩

磨崖仏を後にして、山頂を目指すと、徐々に風化した奇岩が見え始め、山頂への分岐点を過ぎたところに茶沸《ちゃふつ》観音と呼ばれる岩に刻まれたかわいい石仏が現れた。なぜこのような名前がついたのか知ることはできないが、観音様の前に花が生けられていることから、信仰の対象となっていることがわかる。

そこから山頂までの間に「重ね岩」と呼ばれる摩訶不思議な自然造形物に突き当たる。その名のとおり巨岩が積み重なっている。今でこそ地質学上の解釈で自然にできあがった過程を理解することはできるが、古代人はこれをどのように見たであろうか。

山頂付近には、遠くインドから招聘した水神といわれる「八大龍王」を祀る小さな祠があり、この龍王にちなんでこの山は竜王山と名付けられた。

金勝寺

竜王山山頂を過ぎ、林道を進むと、その宗教文化圏の中心である金勝寺《こんしょうじ》がある。奈良時代、南都東大寺の高僧良弁《ろうべん》の開創と伝えられており、山内にある像高三・六メートルに及ぶ軍荼利明《ぐんだり》王像は白洲正子氏の随筆にも紹介されよく知られている。金勝の麓には奈良時代の創建と伝わる長寿寺（東寺）、常楽寺（西寺）など国宝の本堂を有する寺院があり、他にも貴重な仏像を守り続ける寺院が今も民衆の信仰の対象として存在している。

耳岩、天狗岩などの奇岩

再び竜王山に戻り、鶏冠山につながる尾根道を歩くと、湖南平野や近江富士こと三上山も遠望する絶景を体感できる。また、尾根の左右に眺められる奇岩・巨岩の景色は珍しく、中でも「耳岩」や「天狗岩」は特に大きく見応えがある。この辺りは朝鮮半島の新羅《しらぎ》の都慶州郊外南山の風景とよく似ているといわれ、新羅から日本へ来た渡来人たちは望郷の思いで眺めていたかもしれない。

金勝寺へ向かう石段

巨大な磨崖仏や傾いた石仏、木々の根や雑草に覆われた廃寺の石垣。今にその過去の繁栄を想像することは容易でないが、古代の人々による造形物の存在をそこに確認した。

南都平城京の造営に木材資源を提供し、穀倉地帯を支えるために水神を頂に祀った竜王山。ここでは、途轍もない時間の長さを感じることができた。

(7) 繖山

巨岩、磐座が多い猪子山

湖東平野を一望でき交通の要衝に位置する繖山《きぬがさやま》(東近江市・近江八幡市)も三上山や太郎坊山と同じ独立峰の一つである。JR安土駅からJR能登川駅にかけて尾根線が伸びる繖山は湖東平野に傘をかぶせた様子になぞらえそのように名付けられたというが、朝鮮人街道や中山道を眼下に抑えることができる軍事上大変重要な場所であり、近江守護職佐々木氏の居城観音寺城が築城されたため、別名として観音寺山、佐々木山とも呼ばれている。

JR能登川駅方面から繖山を目指すと、北側に隣接する枝峰「猪子山」の登り口に上山天満天神社がある。この神社は先にある岩船に降臨した神と菅原道真を祭神とし、この地域の氏神となっている。登山道を少し上ると右手に巨岩が現れ圧倒されるが、大きく横たわる巨岩は船のように見える。神亀五年(七二八)、比良の神が湖西比良山からこの岩船に乗って渡ってきたという伝説が残され、その岩船の横の小さな社には比良大神が湖を渡る際に先導したという津速霊《つはやむすび》大

北向十一面岩屋観音のお堂

猪子山頂付近の磐座

神が祀られている。猪子山の山頂には磐座《いわくら》と呼ばれる巨岩があるが、この岩船とともに古代から奇岩や巨岩に対する厚い信仰があったことがうかがえる。また、このあたりは猪子山古墳群にあたり、麓から山頂までの間に五～六世紀のものと思われる八基の古墳が確認されており、この地が古くから力を持った豪族の勢力範囲であったことがわかる。

北向十一面岩屋観音

そこから山頂を目指すと、北向十一面岩屋観音と記された大きな石標があり、その先の石段を上り切ると山頂付近に巨岩である磐座が鎮坐し、しめ縄が巡らされている。いつ頃彫られたものか不明であるが、磐座の表面に「豊川大神」「玉姫大神」「玉吉大神」など神様の名が縦書きで並び、別のところにも「清姫大神」などが彫られ、他にも読みにくいが神様の名前らしきものを見ることができる。象徴的な巨岩には複数の神が宿るという一つの事例であろうか。その磐座の右手の展望台に出ると眼前に絶景が広がり、湖西の比良山系から湖東平野と琵琶湖が一望できる。

この展望台の横に北向十一面岩屋観音が祀られている朱塗り

のお堂がある。中に入ると岩肌が露出して迫ってくるように見え、お堂自体が岩にへばりついていると実感した。その岩の割れ目の奥に像高が五〇センチほどであろうか、石造の十一面観音立像が安置されている。伝説によると延暦十年（七九一）、後年征夷大将軍となって東北地方の蝦夷を征討した坂上田村麻呂（七五八～七八二）が鈴鹿の山に住む鬼を退治するため、この十一面観音を安置して祈願したという。京都や奈良から見るとこの地域が東国への入口であり、このような伝説の存在もうなずける。

繖山縦走　雨宮龍神社

十一面観音を後にして、観音正寺を目指して尾根線を南下する。尾根道を上ったり下ったりしながら先を進んだが、道の左右に巨岩や古墳の跡などがあり、飽きることがない。繖山の東側の麓にある臨済宗の古刹石馬寺への分かれ道を過ぎ、少し行くと、観音正寺までのちょうど中間点となるところに雨宮龍《あめみやりゅう》神社がある。

神社の入口には木造の鳥居がある。左右の柱に各二本の補助木が支えるという両部鳥居と呼ばれる形式である。階段を上ると本殿があり、三間社流造向拝付で素晴らしい彫刻も施され立派な社殿となっている。東近江市五個荘の石馬寺町をはじめ宮荘町、金堂町、日吉町、川並町など繖山の東麓一帯の町内約

雨宮龍神社の鳥居

八百戸の氏神であり、今なおこの神社が水の神様として多くの氏子によって大切にされている。

近江国守護職佐々木氏の居城観音寺城跡

神社を後にして進むと、展望台と書かれた標識があり、そこから眼下に近江商人の町、五個荘金堂町を中心とした古い町並みを見下ろすことができた。そこから先に進むと繖山四三二・七メートルの三角点に到達する。ここに着く手前は急な上り坂となっていたが、振り返ると一八〇度の視界が開け、北を向いて右の端に中山道を見て、左に朝鮮人街道を見るという、軍事上非常に重要な地点であるということを体で感じた。

頂上から少し下るとすぐに古い石垣が見えてくる。近江源氏といわれる近江の守護職佐々木氏の居城観音寺城跡である。築城の年代は定かではないが応仁二年（一四六八）六角高頼が家臣の伊庭行隆らに命じて築城させたと伝えられている。応仁の乱の戦渦に巻き込まれ、山自体が大きな砦となっている強固なこの城は何度となく東軍西軍の争いの舞台となった。時代は下って永禄十一年（一五六八）、織田信長（一五三四～八二）が足利義昭を擁し美濃から大軍を率いて上洛しようとした時、城主六角義賢（一五二一～九八）・義治父子はこれに反して抵抗した。最終的には敗れ、城を明け渡すこととなり、この城は廃城となった。石垣を見ながら尾根道を下るようにその旧跡「佐々木城趾」を目指すと、大正四年十一月建立と記された大きな石碑を見ることができた。繖山の至る所にかつての石垣を見ることができるが、崩れかかったその姿を見ると盛者必衰、諸行無常を感じる。

桑實寺本堂

観音正寺本堂

西国三十三所の札所観音正寺

城跡を後にして少し山道を下ると、観音正寺へつながる参拝道に出る。この寺院は西国三十三観音霊場の三十二番目の札所であり、多くの参拝者で賑わっている。寺伝によると創建は推古十三年(六〇五)の聖徳太子によるものとされ、室町時代末期には観音寺城の一部となって戦乱に巻き込まれた。慶長年間に再建されるが、平成五年(一九九三)五月二十二日に本堂が消失し、本尊である木造千手観音立像は他の九体の仏像とともに灰塵となった。

現在の木造入母屋造の本堂は平成十六年(二〇〇四)に再建され、本尊も新たに開眼された。旧本尊が一メートルほどの千手観音立像であったのに対し、現在の本尊は光背部分も入れて六・三メートルという巨大な坐像である。京仏師松本明慶(一九四五〜)の手によって二三トンにおよぶ白檀をインドから取り寄せて造立されたという千手観音坐像。ずっしりと重く、ふくよかな像容と、伏し目にしっかりと見開いた眼差しからは、凄惨な大火災によって失われたすべてのものを包み込むような包容力を感じた。

室町幕府が置かれた古刹桑實寺

観音正寺から安土方面へ下り、中腹にある桑實寺《くわのみでら》へ向かう。裏門から入って本堂前に出る。この寺の歴史も古く、創建は白鳳六年（六七七）に遡る。天智天皇の第四皇女（後の元明天皇）が大津宮で疫病にかかり、病床で琵琶湖に瑠璃の光が輝く夢を見たという。その夢の話を聞いた天智天皇が、藤原鎌足の長男定恵和尚に法要を営ませた。すると琵琶湖から生身の薬師如来が現れ、大光明がさして皇女を含めた多くの人々が救われ、定恵和尚はこの薬師如来を本尊として、桑實寺を創建したと伝えられている。桑實という寺号は定恵和尚が中国から桑の実を持ち帰り養蚕の技術を伝えたという故事によるという。

本堂は国指定の重要文化財、檜皮葺きの入母屋造で、戦国時代の戦火にも巻き込まれず、南北朝時代の姿を今に伝えている。本堂内部は天台様式で内陣には本尊薬師如来の厨子が、その両側に十二神将が祀られている。その前に国指定の重要文化財で土佐光茂《とさみつもち》（一四九六～一五五〇）という土佐派の絵師による「桑実寺縁起絵巻」が写真で紹介されている。この絵巻を当寺に寄進したのが室町幕府第十二代将軍足利義晴（一五一一～五〇）である。義晴は足利将軍の権威が失墜しつつあった混乱期に、京都を逃れ天文元年（一五三二）から三年間この桑實寺に幕府を移したという。室町時代にたとえ一時期といえども奉公衆を引き連れ本格的に幕府を近江の地に移していたという事実は驚きである。

安土方面へ山を下りると、辺り一帯は今でこそ長閑な田園風景となっているが、かつては観音寺城主佐々木六角氏や織田信長が楽市を開き、キリスト教を受け入れ、多くの武人や商人が街道や琵琶湖上を行き交ったのである。

(8) 比良山

琵琶湖の西側に自然がつくり出した巨大な屏風がそびえ立つ。近江を代表する美しい連山である。琵琶湖を挟んで湖東平野から屏風を眺めると左から霊仙山《りょうぜんやま》・権現山《ごんげんやま》・蓬莱山《ほうらいさん》・打見山《うちみやま》・比良岳《ひらだけ》・烏谷山《からとやま》・堂満岳《どうまんだけ》・釈迦岳《しゃかだけ》と峰が続き、見ることはかなわないが堂満岳の奥に武奈ケ岳《ぶながだけ》・釣瓶岳《つるべたけ》がひかえる。これら南北に二四キロメートル、標高一〇〇〇メートルを超える峰々を包括して一般に比良山《ひらさん》と呼ぶ。「比良」という語源については、アイヌ語の急峻な斜面・崖という意味のピラに由来するといわれ、『万葉集』の中で高市黒人《たけちのくろひと》が詠んだ歌にその地名が登場することから、奈良時代よりも以前に「比良」という地名が存在していたことが推測される。

その急峻な崖が連なる威勢のある山影は、古くから山岳信仰の山として多くの僧侶や修験者を受け入れてきた。奈良時代には早くも南都仏教が入り込み、平安時代には比叡・伊吹らとともに霊験の高い山として「本朝七高山」に数えられたと文献は伝える。以後、比良七百坊と呼ばれたように数多くの僧侶や修験者の行場が開かれ、山岳信仰の聖地として重要な位置を占めた。平安以降は比叡山の天台山岳信仰の影響を強く受け、後の項で詳しく記すが、この比良山中で不動明王を体得し、葛川明王院を創建した天台僧相応和尚《そうおうかしょう》は「千日回峰行」の礎を築いた。また、毎年三月に行われる湖上交通の安全と琵琶湖で遭難した故人の霊を弔う「比良八講」は、天台僧の厳しい修法であった「法華八講」が比良山中で行われていたことに由来し、若い僧侶に恋をした娘の悲しい伝説を今も伝えている。

最高峰は奥比良の武奈ヶ岳で標高一二一四メートル。ここへの登頂は山の西側にあたる葛川坊村の明王院横の登山口からが最短であるが、琵琶湖が望める東側、かつては比良ロープウェイが整備されていた正面谷方面から登ることもできる。林道を上るとようやく山に入る登り口である大山口に着く。ここから木々の中を蛇行して登るダケ道を上り、琵琶湖が展望できるカモシカ台、そこから今は営業をやめた比良ロープウェイ山上駅まで上る。ところどころに「県の花」であるシャクナゲを見ることができる。作家井上靖（一九〇七〜九一）の作品に『比良のシャクナゲ』という短編がある。写真雑誌に紹介された比良の頂に群れて咲くシャクナゲをこの目で見ることと、と自分の手がけた長大な未完の研究論文の完成とを等価に置き、息子の死という悲しい過去を振り返りながら日常を送る老解剖学者の孤独を描いた哀愁漂う名作である。

比良山に咲くシャクナゲ

シャクナゲと紺碧の琵琶湖を眼下に見ながら、八雲ヶ原経由で最高峰を目指す。八雲ヶ原まで下る。八雲ヶ池の湿原を横目に武奈ヶ岳への道標をたどった。鳥のさえずりや木々の葉音、谷から吹き上げてくる風、奥深い山を身体で感じながら残雪の上や谷、尾根道を繰り返し歩き、山頂にたどり着く。山頂は三六〇度の大パノラマ。東には琵琶湖と湖東平野が眺められ、その奥に鈴鹿山脈が遠望できる。北東には湖面に霊島竹生島が、その背後に県最高峰の霊山伊吹山が見えた。快晴であれば遠く霊峰御岳や白山の稜線を見ることができるという。山頂には七体の石仏が安置されている。よく見ると最も古く判別がつかない石仏が一体のほか、おそらく近世の作と思われる五体の石仏は、その姿からそれぞれ観音菩薩、地蔵菩薩、弘法大師、不動明王、阿弥陀如来と確認できた。また、その六体と少し離れて「平成十五年比良修験道」と彫られた観音菩薩が静かに琵琶湖を眺めていた。

比良ロープウェイ山上駅から北の釈迦岳方面に向かったところに比良明神と呼ばれる祠がひっそりとある。赤い明神鳥居が参道の前に立ち、祠の前には武奈ヶ岳山頂にあったものと同じく、七体の石仏が並んでいる。他にも山道の脇に石仏を見ることができ、今もなお信仰の山として存在する比良の奥深さと偉大さを感じることができる。

室町時代に比良の山並みは「比良の暮雪」として近江八景の一つに選定された。その美は自然がつくりだしたスケールの大きな稜線だけによるものではない。悠久の過去から何十万という修行者が尾根や谷を闊歩し、山中で祈りを込めてきた。そしてその連綿とつながってきた深い信仰の力がその美しさをいっそう昇華させた。多くの人々の熱い想いや営みが稜線に溶け込み、他の山に見られぬ秀麗な美をつくりだしているといえよう。

(9) 青竜山

日本を東西に分断する鈴鹿山脈の西麓（琵琶湖側）には南から永源寺、湖東三山（百済寺・金剛輪寺・西明寺）といった古《いにしえ》に威勢を誇った巨刹が並ぶ。その北にある三三三メートルという小高い山が青竜山である。麓の胡宮《このみや》神社には天照大神を誕生させた伊邪那岐《いざなき》と伊邪那美《いざなみ》という日本の祖神が祀られ、山全体が御神体であるという古代山岳信仰の霊山である。かつては山の西北側に聖徳太子の発願と伝えられる敏満寺《びんまんじ》という湖東三山に並ぶ巨大寺院が存在した。源平の合戦で焼かれた東大寺の再建のため全国を歩いた俊乗房重源《しゅんじょうぼうちょうげん》が延命祈願のため七日間の参籠をおさめたことはよく知られるところである。重源がここを訪れたのは、奈良時代仏教の力によって国を護ろうとした聖武天皇の発願により東大寺大仏殿が建立されることになったが、その資金を得るため全国の寺院を巡り勧進した遊行僧行基《ぎょうき》が湖北や湖東に多くの足跡を残したことによるためであろうか。時代が下りこの大寺院も元亀二年（一五七二）、延暦寺に加勢したゆえに、織田信長によって焼き討ちされ、以後再建されることはなかった。

　その敏満寺跡の南、国道三〇七号と名神高速道路が交差する付近に胡宮《このみや》神社の石造りの鳥居が見える。その鳥居をくぐると左に多賀町歴史民俗資料館があり、その先の左手に「神の森頂上へ５７０ｍ　ここからいわくらのみち」という立て札がある。ここが青竜山の登山口である。登山口には円筒形の陶器の傘立てに天然木でできた杖が十本ほど立てられていた。一つ借りることにしてまず「磐座」を目指した。登山道はハイキングコースとして整備されていた時期もあったようで、幅も広く歩きやすい道が続く。山道を上ると、アルミニウムでできた高さ四〇センチほどの祠があり、中に大小二つの磐が入っていた。その前には辺りに群生するウラジロの葉の上に二匹の新鮮なタイが供えてある。山全体が伊邪那岐と伊邪那美という夫婦神を祀る霊山であることから、小さな祠の二つの磐も仲のよい夫婦のように見えてくる。山道は徐々に細く険しくなり、そこからまた十分ほど山を登ると「御池　ここから50ｍ下」という高札が立てられていた。矢印のとおり少し山を下ると、高さ一メートルほどの竹製の杭に囲まれた「御池」にたどり着く。直径約二メートルの小さな湧水池である。高札にあるには、神の前で身を清めるためのいわゆる禊《みそぎ》の場と、旱魃《かんばつ》の際の雨乞いの場所であったという。これはこの山が神が宿る霊山であることと、水を必要とする農耕を中心とした巨大集落を見下ろすランドマークとなっていたことを意味するのではなかろうか。ここをあとにして山道にもどり再び山頂を目指すと、「いわくらの道」という矢印と「山頂」という矢印が分かれ道をつくっていた。左に折れ「磐座」を目指した。倒れた巨木を横目に山道を数分進むと、目的の「磐座」が見えてきた。巨大な磐が重なって斜面に張り出し、下には小さな祠が安置されている。この祠には龍神が祀られ、先ほどの「御池」と同じく雨乞いの神として信仰を集めている。下にある立札を見ると、この磐こそが古来当山の山岳信仰の中心として崇められてきた神であり、麓の胡宮神社の本宮であると記されていた。伊邪那岐と伊邪那美の両神については語られていなかった。元来、神社や祠という建築物ははじめからあったわけではなく、特殊な形をした磐や樹齢の高い樹木に神が宿り、そこから原始信仰が生まれたとされている。仏教が仏像や寺院建築とともに日本に入ってから、神社の社殿や御神体というものがつくられるようになった。伊邪那岐と伊邪那美の両神は八世紀初頭に書かれた記紀（古事記・日本書紀）に初めて登場する。したがって胡宮神社の祭神となったのは少なくともそれ以降であるが、「磐座」に神が宿り山を御神体とした山岳信仰が始まったのはそれよりもかなり以前であると考えられる。農耕が始まり国家の輪郭がぼんやりとできつつあ

青竜山の磐座

る三〜四世紀頃にこの肥沃な湖東平野を見守るかたちで信仰が成立したのではなかろうか。

そんな太古の民衆の姿を瞼に見ながら、そこを折り返して山頂を目指した。そこから山道を上り山頂へとたどり着いた。数ヶ所琵琶湖に向かって眺望が開けた場所があり、彦根の城影や遠くは竹生島までが遠望できた。山頂には「青龍山山頂３３３ｍ」という立て札があり、その下に『花の森↓』という上りとは逆となる山の南側を下りる帰路を示す表示がされていた。ガイドブックにはかつて整備されていたハイキングコースとして「花の森」が記されており、そこを目指して下山したが、その道は徐々に草花に覆われて道を見失いそうになったため引き返すことにした。昭和五十年代に生活環境保全林として山全体が環境整備されたが、今では北側となる「磐座」と山頂までの信仰による道のみが残っている。

下山の後、山の西側にある用水池「大門池」のほとりから、水面に映る青竜山の稜線をながめてみた。青竜とは方位を守護する四つの神のうちの一つで東方を護るとされている。また、竜神は水の恵みを司る神でもある。青竜山の稜線は二つの頂を持つために、ちょうど竜の背がうねるように見え、琵琶湖の豊かな恵みとそこに暮らす人々の営みをその東から静かに見守っているように見えた。

（二）里と祈り

(1) 門前町坂本

門前町坂本滋賀院門跡と穴太衆の石積み

日吉大社の門前町である坂本には、比叡山延暦寺で修行した僧侶の隠居坊である「里坊」が通りを挟んで配置され、五十を数える。円教院、瑞応院、雙厳《そうごん》院などの里坊には、江戸時代に作庭された池泉鑑賞式や廻遊式の庭園があり、晩年をそこで過ごす老僧たちは、比叡山中から流れ出る清水を引き込んだ川や池と、多くの樹木や小鳥たちに囲まれ、自然の一部となって悟りに近づくのであろう。

その総里坊である滋賀院門跡は、元和元年（一六一五）、慈眼大師天海が後陽成天皇から京の寺院を賜り、この地に移築、明暦元年（一六五五）に後水尾天皇から滋賀院の号を賜った。歴代の天台座主がここに入り、宸殿《しんでん》や客殿には近世の絵師による障壁画や伝小堀遠州作の池泉鑑賞式庭園など、多くの文化財が伝わっている。この滋賀院門跡の正門にあたる勅使門を中心に建物を強固に守っているのが「穴太《あのう》衆積み」と呼ばれる石積みである。穴太衆とは南坂本の「穴太」に古よ

坂本・穴太衆の石積

り集住した石工集団で、延暦寺の造営や坂本の門前町の形成に努め、その技術を高めた。延暦寺焼き討ちの際、この石積みが織田信長の目に止まったといわれており、安土城をはじめ、名古屋城、金沢城、熊本城、彦根城など全国各地の名城にその技術が活かされた。その石積みの特徴は石面を加工せず自然のまま巧みに積む「野面《のづら》積み」で、人工物でありながら、苔むした石の表情は完全に周りの自然に溶け込んでいる。延暦寺と日吉大社、神仏習合のふるさと「坂本」の街にふさわしい景観をつくりあげている。

慈眼大師天海の墓所慈眼堂と日吉東照宮

日吉東照宮に通じる権現馬場から少し右手に入ったところに、慈眼大師天海大僧正（生年不詳～一六四三）の墓所である「慈眼堂」がある。お堂は、宝形づくりで均整のとれた屋根が特徴的であり、敷き詰められた苔と石畳、そして石灯籠の配置が巧妙で、家康、秀忠、家光の徳川三代の将軍に仕え、幕府の政治に大きな影響を与えるとともに比叡山の復興に尽力した天海の偉業をその場で感じる。また、お堂に向かって左手には歴代天台座主の墓所や石塔が並び、その奥にはかつて湖西の鵜川《うかわ》にあったという石造阿弥陀如来坐像が十三体並んでいる。鵜川の石仏は阿弥陀四十八体仏として天文二十二年（一五五三）観音寺城主六角義賢《ろっかくよしかた》（一五二一～八二）が亡き母の追善供養のために造立したといわれてきたが、京都冷泉家の冷泉為広の「為広越後下向日記」の記載から延徳三年（一四九一）には既にその石仏の存在が知られている。さらに地元の古文書「小松之庄与音羽新庄与境論目録＝伊藤家文書」に永享八年（一四三六）の境界争いの記録に「四拾八躰」の文字が見られることから、従来の説を百年以上遡ることがわかっている。石仏の存在理由は、再び謎に包まれることになった。

石仏の顔は瞑想にふけっている顔やあどけない顔など一つ一つが異なり、当時の石仏としてはかなり完成度が高いものである。

慈眼堂から再び権現馬場へ出て日吉東照宮へ。

元和二年(一六一六)に徳川家康が没し、静岡県の久能山に葬られた後、翌年に日光に祀られ、日光東照宮が造営された。ここ日吉東照宮は、元和九年(一六二三)に造営され、寛永十一年(一六三四)に三代将軍徳川家光の上洛に合わせて再建された。その造営を指揮した天海大僧正は、本殿前で神事を執り行う神官が、東照大権現となった徳川家康を拝殿から参拝する将軍や大名に対して、後ろ姿(尻)を見せることがないように、本殿と拝殿を一段低い石の間でつなぎ、神官はそこで神事を執り行うという独特な「権現造り」を考案したといわれている。

日光東照宮は、寛永十三年(一六三六)、家康没後二十一神忌に合わせて再建されたが、その際、日吉東照宮の「権現造り」が採用された。

その日光造営の再建には、滋賀県甲良町の大工の棟梁であった武将甲良宗廣(一五七四〜一六四六)が幕府の大棟梁として活躍したが、日吉東照宮を雛形としたことは間違いない。家康を神として崇め、揺るぎない徳川幕府を築くために行われた日光東照宮の再建事業。近江にゆかりの天海大僧正や甲良宗廣が、

慈眼堂

当時の一大国家事業に深く関わっていたことは興味深い。

（2） 西近江（湖西）

大友桜

司馬遼太郎や白洲正子が著書の中でその美を語ったかつての北国海道《ほっこくかいどう》（西近江路）。道沿いには、さまざまな祈りの場面を見ることができる。

ＪＲ堅田《かたた》駅西口から春日山古墳群につながる新興住宅街の中に、「大友桜」という伝説の桜の木がある。大友桜とは、平安時代に六歌仙の一人に数えられる文化人で、滋賀郡の郡司を務めた役人でもある大友黒主《おおとものくろぬし》がこの地で手傷を負って亡くなった時、手に持っていた杖を突いたところその杖が桜の木になったという伝説を持つ。この辺りは大津市の事業の一環として開発され、堅田駅西口土地区画整理事務所には「桜望里《さくらもり》」という美しい名前がつけられ、近くには大友桜公園という名の公園が整備されている。

公園内の大友桜の木の前には、大津市公園緑地課によるアルミ製の説明板があり、伝説の解説が書かれていた。もう一

大友桜公園の大友桜。大津市の木であるヤマザクラである

つ「桜姫塚」の伝説も紹介されている。若くして亡くなった大友氏の姫を弔うために塚を築いて桜を植えたという話である。桜の花は姫の死を悲しんでしばらくの間は花をつけなかったという。

この地に言い伝えとして残る伝説がこの地のアイデンティティーとなって、「大友桜」と呼ばれる小さな一本のヤマザクラの木が大きなシンボルとして守られている。大友氏は七世紀、大津に都がおかれた時に朝廷を支援したこの地の大豪族である。この地に伝わる伝説にふさわしい。この一本の桜から、また新しい物語が生まれ、ここに暮らす人々をつなぐ役割になればと願っている。

春日山古墳群

大友氏よりも少し古い時代の豪族たちが埋葬されていた春日山古墳群が堅田駅西口から眺められる。比叡山麓から派生した堅田丘陵の東端に位置する湖西地域で最大といわれる古墳群で、二百基以上が確認されている。五世紀の全長六五メートルという前方後円墳が最大で、和邇《わに》氏の系統である小《お》野臣《ののおみ》、真野臣《まののおみ》など渡来系氏族の墳墓であろうと想像できる。古墳群は現在五つのゾーンに分かれて春日山公園として整備されており、そのうち古墳ゾーンは公園の中で最も西側（琵琶湖側）に位置し、木製の展望台からは、琵琶湖とその向こうに三上山が眺められ、この場所の重要性が感じられる。

春日山公園古墳ゾーンにある円墳

辻の地蔵と真野法界寺の六斎念仏

真野の谷口・中村集落を抜けると、辻と呼ばれている北国海道と堅田への間道との交差点があり、そこに集落の境を護る地蔵菩薩の祠がある。「辻の地蔵さん」と親しまれる石造地蔵尊。前に活けてある瑞々しいサカキの枝から日常的な地域の人々の信仰の厚さが伺える。

その辻のすぐ北側に「真野の六斎念仏」で知られる法界寺がある。

浄土宗慈光山法界寺（大津市真野三丁目）は、大本山清浄華院の末寺として慶長二年（一五九七）に開創されたと当寺に伝わる。過去帳によると開山は、真野出身の有力者、桂昌院桂林昌公大和尚であるとされている。

真野地域は農地が市街化され、年々都市化が進む中、法界寺では旧来からの檀家約七十数戸、三名の檀家総代が当寺の運営の中心を担っている。日常的には各檀家の戸主が念仏講を組織し、春秋の彼岸法要や盂蘭盆会法要、十夜法要など主体的に年中行事が行われる。

そして、それらの行事の中でも中心的なものが「六斎念仏」と呼ばれる念仏踊りである。

六斎念仏とは、本来、六斎日（仏教でいう精進の日で毎月八日、十四日、十五日、二十三日、二十九日、三十日を指す）に念仏を唱えることをいう。その起こりには諸説があるが、現在伝わるものには空也堂（紫雲山光勝寺極楽院）系と干菜山光福寺系と

真野法界寺の六斎念仏

いう二つの流れがある。空也堂系にはその起源に関して、平安時代に市聖《いちのひじり》と呼ばれた空也上人（九〇三〜九七二）が、松尾明神から鉦《かね》と太鼓を授けられて衆生救済のため念仏踊りをはじめ、民衆に念仏を布教したという伝承がある。一方の干菜山光福寺系では、浄土宗西山派の道空が、十三世紀の半ばに京都烏丸の常行院で民衆に念仏を広めるため歓喜念仏踊りをはじめ、文永二年（一二六五）には亀山天皇から「六斎念仏」の号を賜わった。干菜山光福寺（現在　京都市出町柳）は、別名干菜寺とも呼ばれ、寺伝によると豊臣秀吉が鷹狩りの際、当寺を訪れ、当時の住職が秀吉に干菜（大根や蕪の葉を干したもの）を献上したところ大いに喜ばれ、以後干菜山光福寺の名を拝命したという。江戸時代には光福寺は諸国における六斎念仏の総本山といわれ、寛永十四年（一六三七）から浄土宗鎮西派本山知恩院の支配下となった。

本来の六斎念仏は『金光明六斎精進功徳経』に基づいて、鉦と太鼓をならしながら衆生救済を目的としたものであるが、江戸時代には盆踊りと結びつき、江戸後期になると、見世物的な曲芸が行われるなど、芸能化していった。演じられる曲目も、発願、回向歌、弥陀願唱、念仏、結願という純仏教的なものから、能楽や浄瑠璃、歌舞伎から取材した楽曲が演じられるようになった。

京都では、昭和五十二年（一九七七）に京都六斎念仏保存団体連合会が発足し、昭和五十八年（一九八三）には「京都の六斎念仏」として国重要無形文化財に指定された。現在も十四団体が所属して、芸能の保存と後継者の育成に務めている。

京都の六斎念仏は獅子舞や猿回しなどが登場するなど、宗教的というよりもむしろ非常に芸能的な要素が濃いが、真野地域に伝わるものは、純粋な仏教行事として寺の檀徒が盆や彼岸の時期に行っている。真野地区は四つの集落（中村、沢村、北村、浜村）に分かれ、それぞれ、中村の法界寺（浄土宗鎮西派）、沢村の浄国寺（浄土宗禅林寺派）、北村の願生寺（浄土宗禅林寺派）、浜村の正源寺（浄土真宗本願寺派）と旦那寺が存在する。このうち六斎念仏を行っているのは、法界寺と浄国寺であるが、先述したように六斎念仏の総本山といわれた干菜山光福寺が知恩院を本山とする浄土宗鎮西派であることを思うと、京都からこの地域に初めて六斎念仏が入ったのは法界寺であると考えるのが自然であるかもしれない。

また、京都をはじめ他地域（福井県若狭地方、和歌山県紀北の高野山麓から紀ノ川流域、奈良県吉野川流域、奈良盆地、山梨県、大阪府・兵庫県の旧摂津地域など、滋賀県内は朽木古屋、栗原など）の六斎念仏は、民俗芸能としての色彩が濃く、多くは保存会が組織され、各地で継承されているが、一方で「講」という宗教行事の一環として古くから地域の住民が受け継いでいるものもある。法界寺の六斎念仏は後者のかたちをとる貴重な行事であるといえる。

京都の浄土系の宗教行事がこの辺りにのみ残っているというのは興味深い。

上と下の神田神社

法界寺から北へ旧街道を進むと、茅葺きの屋根を持つ旧家の向こうにマンションが見えるなど旧集落と新しい住宅地の狭間であると感じる風景が続く。旧街道から琵琶湖大橋につながる県道を渡ると真野川に架かる新宿橋という古い小さな橋があった。かつて、真野川の手前のこの地には、小さな宿駅が置かれており、真野川の流路が変わったため、今の位置に新しく橋が付け替えられたという。新宿橋を渡り北国海道を歩くと左手奥に鎮守の森が見え、これが、真野に縁が深い氏神、神田神社である。

　この地域には真野村に勢力を持った真野氏が平安初期に創建したという上《かみ》と下《しも》に二つの神田神社がある。境内にある六角石灯籠や石造宝塔で知られる下の神田神社では、一月に行われるサンヤレ祭や五月の稚児祭などこの地域に不可欠な古式祭礼が行われている。そこから西へ一・五キロメートルほど行くと曼荼羅山の西方、宮池の畔に上《かみ》の神田神社がある。本殿は残された棟札から、再建が明徳元年（一三九〇）であることを示している。その他にも、元禄五年（一六九二）の檜皮の葺き替えや、その他の修理についても棟札が多数奉納されており、真野村の象徴として大切に護られてきた歴史を知ることができる。本殿の形式は、柱間が三間あり、屋根は反りを付けて前に長く伸びた庇が特徴で三間社流造と呼ばれ、国重要文化財に指定された貴重な文化財としても知られている。池の周囲には新宮社や弁天社、龍神社の祠が佇み、苔むした境内は美しく整備されている。創建時は豪族真野氏の象徴として君臨したこの神社は、現代でも間違いなくこの地域の誇りとして、そして、鎮守の神として大切にされている。

上の神田神社

曼荼羅山古墳群

　新興住宅地びわ湖ローズタウンの中央に曼荼羅山と呼ばれる山がある。この山も古墳群の一部である。曼荼羅山古墳群は百十七基からなり、山頂部に四世紀から五世紀の造築とみられる全長七二メートルの前方後円墳である和邇大塚山古墳を中心に古墳時代後期の円墳が群集している。

　南麓に金比羅宮と書かれた扁額が掲げられた石造りの鳥居があり、鳥居をくぐると曼荼羅山を登る石段が続いている。石段を上ると山頂には金比羅宮の祠があり、その横に大きな石碑がひっそりと立っていた。この石碑は、比叡山延暦寺の僧豪恕《ごうじょ》上人を顕彰している。豪恕上人は、愛知郡愛荘町の出身、寛政七年（一七九五）に大僧正となった人物で、水利に長《た》け灌漑事業に携わったと伝えられている。真野普門村は、古来「水」に恵まれず、経済的にも貧しい村であったが、豪恕上人の働きかけによって、ため池がいくつもつくられた。村人たちは、将来も水利に困ることがないよう、普門村を眼下におさめるこの地に水神である金比羅宮を勧請し、その傍らに豪恕上人の顕彰碑を建立したという。曼荼羅山には、この地域を統治した古代の豪族和邇氏の古墳が上にのっているが、地域を見渡すことができるシンボリックな山には、必ずその地域に暮らす人々の祈りが込められているものである。

曼荼羅山山頂にある豪恕上人の顕彰碑

唐臼山古墳（小野妹子神社）

　小野妹子（生没不詳）は、和邇氏の同族である小野氏の出身で、推古天皇の時代、聖徳太子とともに飛鳥時代の政治家として手腕をふるった。特に推古十五年（六〇七）に日本最初の遣隋使に任ぜられ、隋の皇帝煬帝に国書を手渡したことで知られる。妹子が持参したその国書に倭国と中国隋の位置関係から倭国のことを日が昇る国、中国隋のことを日が沈む国と表現したことや、倭国の天皇のことを天子と記したことで、皇帝煬帝の怒りを買ったことが隋の歴史書『隋書』倭国伝に記されている。

小野妹子公園は、住宅地の中にあり、小高い山になっている古墳である。唐臼山古墳と名付けられたこの古墳は西側の封土が流出したため大きな箱形石棺状の石室が露出しているという珍しいもので、小野妹子の墓であるといわれている。公園の中央部分、古墳の石垣が見られるところに小さな祠と鳥居があり、その横に唐臼山小野妹子神社と彫られた石碑があった。いつの時代からこのような神社が出来たのかわからないが、外交と華道の神様として崇められ、外交官や駐在員、華道の家元「池の坊」などの信仰を集めている。

びわ湖ローズタウンの中から眺める小野妹の墓
唐臼山古墳

三蹟の一人小野道風と小野道風神社

小野道風神社への道標にしたがい住宅地を抜けると、旧家が佇む集落に入り、その集落の中から鳥居と鎮守の森が確認できた。これが小野神社の飛び地である小野道風神社である。鬱蒼とした森の中央に苔むした檜皮葺きの屋根を持ち、深い歴史を感じさせる風格ある本殿である。この本殿は国重要文化財に指定されており、切妻造の平入という神社の本殿としては大変珍しい様式で南北朝時代の暦応四年（一三四一）の建築である。祭神である小野道風（八九四～九六六）は平安時代の文化人で書家として知られている。時代は遣唐使が廃止され、日本独自の文化が花開く中、中国風の書から脱皮し、和風の書を完成させた三人の書家「三蹟」の内の一人である。柳の枝にかえるが飛びつこうと何度も挑戦する姿を、かなわぬ大きな目標に向かって努力する人に重ねあわせて発奮し、自らの成功を勝取ったとする話は誰もが知るところであろう。

小野道風神社本殿（国重要文化財）

お餅の神様小野神社

小野道風神社から少し北に小野神社がある。小野神社は平安時代の『延喜式』神名帳に記載された湖西では日吉神社と並ぶ官幣大社であり、先述した小野妹子に始まるこの地の豪族小野氏の氏神である。神社の神域はきれいに整備され、入口付近に神田《しんでん》があり、稲が高く成長している。興味深いのは祭神に米餅搗大使主命《たがねつきのおほおみのみこと》という神が祀られ、この神が日本で初めて餅をついた餅づくりの始祖であるというのである。毎年十月二十日には「ひとぎ祭」という祭礼が行われ全国から餅や菓子の製造業者が自慢の製品を持って集まるという。神社の入口付近にあるこの神田に植えられているのは、もちろん餅米であり、祭礼の日にその餅米でつくった餅が奉納されるのである。

本殿に至るまでの参道には小野氏の家系図やそれを解説する説明板などが点在している。それらに混じって小野小町の塔という古い供養塔があった。小野小町は日本歴史上絶世の美女としてあまりに有名であるが、彼女も小野一族として平安時代の宮中にて女官として活躍した。鳥居をくぐり、本殿へと向う。本殿は神明造りで、前には古い時代のものであろうか、趣のある一対の狛犬と獅子が社殿を守っている。

閻魔大王の化身　小野篁

そしてその本殿に向かって右側にあるのが摂社である小野篁《たかむら》神社の本殿である。先に訪ねた道風神社ほぼ同じ檜皮葺き切妻造の平入という珍しい様式で、国重要文化財である。道風神社よりも一回り大きい。

小野篁（八〇二〜八五三）は、朝廷で参議という要職に就いた貴族兼政治家である。小倉百人一首では「わたの原　八十島かけて……」を詠んだ参議篁として広く一般に知られている人物である。しかし、筆者のような民俗学をかじるものについては、篁が地獄の閻魔大王に代わって裁きをしていたという伝説が気になる。篁は、京都東山六波羅にある六道珍皇寺の境内に地獄の入口があり、夜な夜なここへ来て地獄に入り、自ら閻魔大王

小野篁神社本殿に参詣する筆者（撮影：石川亮）

小野神社前の神田

となって地獄の裁きを行っていたというのである。珍皇寺には、木造の閻魔大王の像と、隣のお堂内に小野篁の像が安置されている。なぜ篁にそのような伝説が生まれたかについてはわからないが、六道参りと呼ばれる珍皇寺のお盆の行事は、京都の民間信仰の一つとして多くの人々で賑わい、毎年お盆の風物詩となっている。

小野神社（篁神社）、道風神社、妹子神社（唐臼山古墳）、曼荼羅山（大塚山古墳）、そして春日山古墳群と意識をして眺めてみると、その存在は風景の中でくっきりと浮かび上がってくる。どの場所もこの北国海道において周囲を見渡せる要衝であることが確認できた。随筆家白洲正子は名著『近江山河抄』の中で「妹子の墓と呼ばれる唐臼山古墳は、（中略）そこからの眺めはすばらしく、真野の入江を眼下にのぞみ、その向こうには三上山から湖東の連山、湖水に浮かぶ沖つ島山も見え、目近に比叡山がそびえる景色は、思わず嘆声を発してしまう」と、この地域の特殊な位置を表現している。小野氏は妹子を筆頭として平安期に小町、道風、篁と次々に要人を輩出した。それぞれが個性的であり、日本の歴史の中に大きな足跡を残している。これを単なる偶然として解決しても良いものであろうか。古代豪族小野氏の本拠地は現代の住宅地に埋もれながらもその存在を主張している。

大溝城跡

この地は、若狭湾に抜ける若狭路と北陸へ向かう北国海道の分岐点にあたり、地形的にも乙女ヶ池や大溝港など良港に接するため、古代から水陸交通の要衝であり、軍事上も重要な拠点として位置づけられてきた。

大溝城跡の石垣

乙女ヶ池

大溝城は天正六年（一五七八）、織田信長の甥である信澄（一五五五～八二）がこの地より少し北方のもと新庄城から城下町ごと移転してきたことに始まる。美しい湖畔にそびえ立つ天守の姿から「鴻湖城」と呼ばれたという。天正十四年（一五八六）、最後の城主として京極高次（一五六〇～一六〇九）がここに入り、翌年妻として浅井三姉妹の次女お初を迎えた。現在は残された石垣を見て当時の天守を偲ぶに終わるが、かつては城下に武家屋敷が並び、商工業者も賑わった城下町を形成していた。現在、毎年五月三日・四日に行われる「大溝祭」は五基の曳山が繰り出す優美な祭礼であり、近世初期に栄えた城下町の名残を感じることができる。

乙女ヶ池

大溝城の石垣の基礎部分は湿地帯となっており、乙女ヶ池につながっているが、この池が城の内堀の役目を果たしていたようである。現在は遊歩道が美しく、公園として整備されている。池の畔《ほと》りには、奈良時代に勃発した「恵美押勝の乱」（七六四年）を記した石碑があり、当時の為政者であった藤原仲麻呂一族がこの地で斬罪されたという凄惨な政変の舞台となった。一方でこの地を歌った「大船の　香取の海に碇おろし　いかなる人か　もの思はざらん」という万葉の歌碑に見られるように、船着き場となっていた大きな入り江（香取の海）が風光明媚な情景を演出していたこともうかがえる。この景観は平成二十七年（二〇一五）、「大溝の水辺景観」として国の重要文化的景観に選定された。

鵜川四十八体仏

乙女ヶ池から十分ほど北国海道を南下、国道から山手に上る山道を入ると、そこに鵜川四十八体仏と呼ばれる石仏群がある。この付近は鵜川地区の墓地となっているところであるが、その中に高さ一六〇センチ、幅七〇センチという大きな阿弥陀如来坐像が三十三体並んでいる。十三体は現在坂本の慈眼堂（天海大僧正の墓所）に移されており、二体は昭和六十二年（一九八七）に盗難にあったという。

この石仏群は、「慈眼堂」の項（65ページ）で紹介したように、造立の経緯は謎に包まれているが、誰かによって西方極楽浄土に想定されたこの地に阿弥陀の石仏を安置し、亡者の冥福を祈ったことには違いないだろう。

浄土思想の根本教典である『仏説無量寿経』によると阿弥陀如来はもともと四十八の願を持っているといわれ、浄土宗の開祖法然上人はそのうち念仏の重要性を説いた十八番目を特に重

鵜川四十八体仏

要視したという。歌舞伎の演目などで使われる「十八番《おはこ》」という言葉はこれが由来であるといわれている。

瞑想にふけった顔、少しはにかんだ顔、困った顔、四十八体一つとして同じものはない。よく見るとさまざまな顔があり飽きることがない。自分の好きな阿弥陀さんの顔を探して静かに手を合わせる参拝者の姿があった。

藤樹書院跡

ＪＲ安曇川駅から琵琶湖に向かい、涼しげな清流が民家の前に流れる閑静な集落に入ると、その中央に鎮守社である藤樹神社があり、その近くに近江聖人中江藤樹（一六〇八〜四八）の史跡「藤樹書院跡」がある。

中江藤樹は慶長十三年（一六〇八）にこの地で誕生し、九歳の時、米子藩に仕える祖父のもとへと故郷を離れ、十一歳の時、藩主の領地替えにあって四国伊予の大洲《おおず》に移ることになった。この頃から学問の道に邁進することになったというが、二十七歳の時に、故郷で寂しく暮す母親を思って脱藩。この地に再び戻り、母親の面倒を見ながら、村の人々に人の道を説くが、四十一歳でこの世を去った。

藤樹は中国の儒学者王陽明の思想に感銘を受けたといわれ、

藤樹書院跡

日本陽明学の始祖として日本で初めて聖人《せいじん》と呼ばれた。「愛敬」「致良知」などの言葉を大切にし、当時、封建社会にとって都合の良い思想である朱子学が幕府推奨の学問とされていた中で、より純粋な美しい人の行動のあり方を重視した陽明学を重んじた。

藤樹書院の建設については、はじめ幕府の許可が出されず、この地に書院ができるのは藤樹の没後七十年が経ってからであった。その後、熊沢蕃山（一六一九～九一）をはじめとする門弟たちによって護られてきたが、明治十三年（一八八〇）に大火で消失。今日ある書院はその二年後に村人や門弟によって建築されたものである。藤樹の思想が誕生して約三百五十年、村人たちは長きにわたって聖人中江藤樹を大切にし、護り伝えてきた。現在も書院の向かいにある案内所兼休憩所「良知館」には世話人が輪番で常駐し、彼らが熱く語る聖人「藤樹先生」の偉業を聞くことができる。藤樹の教えの中に「五事を正す」というものがある。五事とは「貌《ぼう》、言《げん》、視《し》、聴《ちょう》、思《し》」をいい、それを正すとは、なごやかな顔つきをし、思いやりのあることばで話しかけ、澄んだ目でものごとを見つめ、耳を傾けて人の話を聴き、まごころをこめて相手のことを思うことであるという。「致良知」という言葉も大切にされ、五事を意識し、良知を磨くことが、人として生きる道である。すなわち、この集落の人たちは、聖人中江藤樹を「藤樹さん」と慕い、藤樹が残した教えを道徳として、今もなお、子供たちに伝え、平和なコミュニティを築いている。その事自体が聖人中江藤樹の願いであったに違いない。

針江の生水

ＪＲ新旭駅の近くには、湧き水を生活用水として使用し自然と共生する姿を見学することができる針江地区がある。ここでは湧き水を生水《しょうず》と呼び、それを利用するための壺池や端池、それらを覆う小屋を含めた施設を川端《かばた》と呼んでいる。この「カバタ」を見学するには平成十六年（二〇〇四）に発足した「針江生水の郷委員会」に所属するボランティアスタッフの方に案内を受ける必要がある。

　針江地区には百ヶ所を超える「カバタ」があり、家々の暮らしの中に息づいている。地下約二〇メートルから湧き出る湧水はそのまま飲料水としても利用でき、また食卓に並んだ食器を洗うこともある。ご飯粒などの残りは家族の一員として大切に端池で飼育されている鯉や小魚が食べてくれるという自然の循環がそこにできあがっている。

　集落の各戸は、それぞれに湧き出る水を持つと同時にそれを排水するという責任も負っている。決して、自然に分解されない合成石鹸を「カバタ」で使用する事などはできない（滋賀県においては、昭和五十四年〈一九七九〉に富栄養化防止条例が制定され、他の地域でも合成洗剤を処理なしに琵琶湖に流すことはできない）。水というものを通じて常に共有を意識し、各家庭がつながっている。理想の地域社会がそこにある。

　中央を流れる大川には白い小さな花を咲かせる梅花藻が群生し、地域の子供たちはイカダくだりに熱中する。この地域にはひと昔前の風景が残っている。

針江地区大川

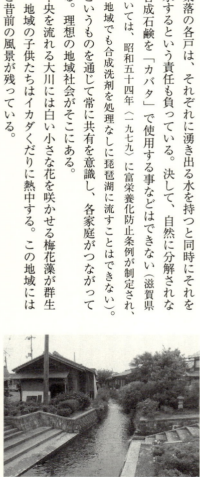

(3)　海津・大浦・菅浦

北国海道を海津へ

ＪＲマキノ駅の正面から琵琶湖に向かって伸びる道路は中央に大きな緑地帯があり、けやき並木が清々しい。数百メートル歩くと浜の手前にコンクリート製の斬新な三角アーチのゲートがあり、その合間に見える浜と琵琶湖は欧米の避暑地を思わせる雰囲気に包まれている。マキノサニービーチと名付けられたその浜は、夏休みに多くの家族連れで賑わう。

海津の旧宿場町

ビーチの手前を琵琶湖に沿って北東に伸びる細い道路が、北国海道（西近江路）である。十分ほど歩くと近世の風情を残す旧宿場町海津に入る。街道の右手に、「湖里庵」という、天明四年（一七八四）、初代魚屋治右衛門が創業した老舗「魚治」を基とする料亭がある。鮒寿司を提供する海津港の旅籠として湖国の食文化をつないできた。静謐な奥琵琶湖の風土をこよなく愛した作家の遠藤周作（一九二三～九六）がこの料亭を何度も訪れ、狐狸庵先生と呼ばれた遠藤が自らの雅号をもとに「湖里庵」と名付けられたことでも知られている。

現在、料亭「湖里庵」は、平成三十年（二〇一八）の台風二十一号の猛威を被り、休業中である。ご当主は、これも自然の営みのひとつと受けとめ、復興を目指しておられるとのこと。一日も早い再開を祈念するばかりである。

また、ここに独特の海津の興味深い伝説がある。「海津には美人が多い」という伝説。湖北には竹生島の弁才天信仰が暮らしの中に染み込んでいる。弁才天は、神の島竹生島に棲む水の神様で、美しい女神であり、湖上交通も含め、湖での暮らしを守ってくれている。湖辺に暮らす人々はいつも湖に浮かぶ神の島を敬い、手を合わせてきた。しかし、海津の宿場だけは、大崎の半島に隠れて、竹生島を見ることができない。その地理的な条件がこの伝説を生んだのである。竹生島を直接拝むことができる地域は、弁才天への遠慮から、美人は育たないが、竹生島が見えない海津の旧宿場ではその遠慮の必要がなく、弁才天のような心も美しい美人が育つのだそうである。この地域の自慢話と信憑性を持って語り継がれてきたのであろう。

旧海津港跡

旧街道から琵琶湖に入る「ズシ」と呼ばれる路地が数本あり、「湖里庵」から少し北にある路地が旧海津港跡につながっている。海津港の歴史は古く、平安末期の歌謡にその名が見え、戦国期以降は、北陸と大津を結ぶ港として、大津と並んで大いに発展した。明治四年（一八七一）、当地の実業家

桟橋の杭が湖面に残る旧海津港跡

である井花伊兵衛と磯野源兵衛らが共同して蒸気船「湖上丸」を海津―大津間に就航させ、やがて太湖汽船や現在の琵琶湖汽船の活躍につながった。その港の跡は、湖中から突き出る桟橋を支えた数本の杭以外に見ることはできない。奥琵琶湖独特の美しい濃淡のある水色の湖から打ち寄せるさざ波を見ていると、大きな煙突と外輪を持つ蒸気船が、かつてここに就航し、多くの人で賑わっていたことなどを想像することは難しい。

旧街道に戻ると、左手に大きな杉玉と「竹生嶋」という看板が見えた。街道の宿場町には必ず存在する造り酒屋である。竹生島を見ることができない海津の造り酒屋の銘柄として「竹生嶋」の名前が使われるのは面白い。

海津大崎の桜と橋板

海津の浜からは海津大崎が一望でき、有名な海津の桜並木を眺めることができる。

この浜は、平成二十年（二〇〇八）三月二十八日に「高島市海津・西浜・知内の水辺の景観」として全国で五番目に国の重要文化的景観に選定された場所である。重要文化的景観とは、「地域における人々の生活又は生業及び当該地域の風土により形成された景観地で我が国民の生活又は生業の理解のため欠くことのできないもの（文化財保護法第二条第1項第五号より）」と定義されており、単なる自然の美しさだけでなく、

橋板と海津の桜並木

その地域に暮らす人々の営みと自然が一体となりかつ、その環境を改変することなく、共生しているという、次世代に残すべき景観であるということである。

ここでは、カラスの羽を付けた竿で湖辺の小アユを大きな網に追うオイサデ漁という漁法が残っていることや、琵琶湖で衣類の洗濯や食器の洗浄をしやすいように琵琶湖に突き出した「橋板」というものが使われていること、そして、今見てきたかつての宿場町の繁栄を受け継ぐ旧街道の町並みなどが、次世代へ残すべき景観として高く評価された。

実際に「橋板」が三本ほどきれいな湖水に突き出しており、湖辺と家並を隔てる古い石垣と海津大崎、そして竹生島を眺める景観は、日本の風土を愛する人のこころを動かすものであると改めて感じた。

司馬遼太郎の「街道をゆく」シリーズ第四巻の、「北国街道とその脇街道—海津の古港—」の項に海津の町が紹介されている。「北の涯《はて》の町にまぎれこんでしまったのではないか」と表現しながら、両側に並んだ古民家の間から眺められる湖に惹きつけられ湖辺に出る。すると、ごぼうを洗う婦人に目が止まる。「ここから竹生島は見えないのか。明治期以降に汽船が港に入っていた頃は大変賑わっていた」など、その婦人とちょっとした会話をする場面が書かれている。そこに橋板の存在は記されていないが、おそらく婦人は橋板の上でごぼうを洗っていたのではと想像できる。司馬氏が訪ねてからほぼ半世紀の時が過ぎようとしているが、今も霧に煙る海津の風情は、大きく変わっていないようである。

義経の隠れ岩

義経の隠れ岩と大崎寺

海津大崎の先端を目指して一キロメートルほど歩いた湖岸に接する岩場に、義経の隠れ岩と呼ばれる岩がある。文治三年（一一八七）に、義経が京を追われて北陸へ逃れようとした時、この岩に隠れて難を免れたという。謡曲「安宅《あたか》」にもその情景が登場するというが、このような話しがこの岩に宿っているということは、この湖岸と道が当時交通の要衝であり、歴史上、大変重要な役割を果たしていたことを証明している。

大崎の手前の左手の高台に大崎寺と呼ばれる寺院がある。大崎寺と彫られた大きな石塔から境内に入ると、左手に天保五年（一八三四）に建立された古い道標がある。そこには「左　大ウラ　シオツ　キノ本　志ゆんれ」と彫られている。「志ゆんれ」とは巡礼を表し、観音巡礼の道標であることは間違いない。この大崎寺の本尊は千手観音像で、近江西国三十三所観音霊場の札所となっている。石段を上りきると本堂の手前で素晴らしい奥琵琶湖の景色を見ることができる。本堂の奥には小さな阿弥陀堂があり、安土城で戦渦にまみれ血で塗られた板を使った血天井なるものがあるという伝説が残っており、秀吉が安土城で亡くなった人々の菩提を弔うため天正年間に本寺の修築を行ったという。ここで見られる静寂な奥琵琶湖の湖面から戦国の激しい動乱を思い起こすことはできない。

大浦の丸子船の館

海津大崎を回り、その向こうにある葛籠尾崎との間にある大浦がある。途中には山手にリゾートホテルや別荘地などが立ち並ぶ。大浦は、塩津、菅浦、海津などと並んで、琵琶湖の湖上交通の北の拠点であり、北国諸国から年貢米やニシン・海藻、紅花などが運ばれ、逆に京都、大阪から陶磁器・反物などが行き交った。中世から鉄道が発達する近代まで、丸子船と呼ばれる琵琶湖独特の船が、ここ大浦にもたくさん就航していた。大浦にある「北淡海《おうみ》・丸子船の館」には、現存する二隻のうちの貴重な一隻（全長一七メートル）が展示されている。特徴は二つ割にした丸太を胴の両側に付けてあることで、船の運航を安定させる役割があり、丸太船から丸子船へという船の呼び名のもとになったともいわれている。湖上交通最盛期には、琵琶湖に約千四百隻が浮かんでいたという。近世の大浦のジオラマが二階の展示室にあり、多くの丸子船が桟橋に付き、当時の活気が伝わってくる。

流線型のかたちは、湖上を吹く強い風を帆に受け、かなりのスピードで湖上を走ったのであろうと想像できる。

丸子船の館

かくれ里　菅浦

大浦から葛籠尾崎の先端を目指し、その手前に菅浦の集落がある。かつては陸の孤島といわれ、今でこそ陸路で行けるが、かつては船でないと行くことができない集落であったという。

また、この地は、白洲正子の名著『かくれ里』の中で紹介され、奈良時代、恵美押勝の乱に巻き込まれた淳仁天皇（七三三～七六五）がこの地に落ち延び、その従者の子孫がこの村に住み着いたという貴種流離譚が、典型的な「かくれ里」の雰囲気をつくり出していると語られている。

菅浦集落の西の入口には四足門があり、かつてはこの門が集落の入口であった。四足門の上にかぶさる茅葺の屋根が、中世集落の雰囲気を漂わせている。その近くにこの集落の鎮守である須賀神社の大きな鳥居があり、山の中腹に向かって参道が伸びる。四月の第一土曜日と日曜日には、須賀神社の春の例大祭が行われる。鳥居をくぐったところに神輿堂と呼ばれる建物があり、須賀神社・小林神社・赤坂神社の三基の神輿が収納されている。

神社の参道から眺める菅浦集落

菅浦集落を見下ろす山中にある須賀神社を参拝するには石畳の坂を上らなければならない。上りきると、石段があり、これより先は、神域の清浄を守るため、土足厳禁という厳粛な表示がある。白洲正子も『かくれ里』中で、これに触れており、晩秋の冷たい日に裸足で石段をあがったという場面が描かれている。

須賀神社の祭神は、奈良時代末期、この地に落ち延びたという淳仁天皇である。ここで五十年に一度奉仕される淳仁天皇祭は平成二十五年（二〇一三）に千二百五十年祭として盛大に行われたという。淳仁天皇の流離譚はあくまでも伝承であるが、平安期から朝廷の供御をつとめ、宮中と深い関係を持つというこの地は、この地に暮らす人々の大きな誇りとなっている。

祭礼の日には、集落の東端の四足門まで二基の神輿が渡御し、御幣祭の後、神輿に遷っていた神様が社殿に戻り終焉となる。神輿が通る道を清めるため、両端に琵琶湖の湖岸のきれいな砂利が丁寧に盛られ、神輿を担ぐ人々の足には足半草履《あしなかぞうり》という踵《かかと》の部分が無い独特の草履が履かれている。この草履は中世からの習俗であると伝わり、これらもまた村人たちの大切な文化遺産となっている。この菅浦の集落も海津と同じく「菅浦の湖岸集落景観」平成二十六年（二〇一四）として国の重要文化的景観に選定されている。

湖西路の北端には、海津の旧宿場町、そして浜に見られた「橋板」、大浦の丸子船、菅浦の祭礼と奥深い伝説などがあり、単に美しい水辺の風景だけでなく、そこに暮らす人々の生業が風景全体に溶け込んでいるさまを体感することができる。

(4)　旧木之本宿の古寺

江北図書館と冨田酒造

ＪＲ木ノ本駅の駅前に、「江北《こほく》図書館」という古い図書館がある。この図書館は滋賀県最古の図書館で全国でも数少ない私立の図書館であり、長らく湖北で唯一の図書館であったため、公共的な性格を持ち、開館当初から一般図書に加えて、旧伊香郡の郡史をはじめ旧郡役所資料や古地図など非常に貴重な郷土資料が多く所蔵されている。

現在は公益財団法人「江北図書館」となり、湖北の名酒「七本鎗」で有名な「冨田酒造」の代表者が三代にわたってその理事長・館長を務められている。「冨田酒造」は木之本地蔵院で知られる北国街道の旧木之本宿にある。

近世のおもむきを感じる店先には、四百六十余年の歴史を誇る名酒「七本鎗」が並んでいた。酒蔵は江戸期に建てられたものが今も使用され、そこには奥伊吹の伏流水である霊水が湧き出る。その霊水が名酒の命となっているのだろう。近年は地域の農家と連携して安全でおいしい酒造りの取り組みや、酒器やTシャツなど今に生きるデザインの関連グッズの開発などを行い、伝統を重んじながら湖北の資源を新しい手法で他地域に発信している。

名酒「七本鎗」が並ぶ冨田酒造の店内

北国街道　木之本地蔵院

木之本地蔵院（浄信寺）の由来は、第四十代天武天皇の時代にさかのぼり、天皇が難波の浦に流れ着いた龍樹菩薩が自刻したといわれる地蔵菩薩を難波の地に祀られた。しかし、より広く衆生を救うためにということで、奈良薬師寺の開山祚《そ》蓮《れん》上人がこの菩薩を北陸と奈良を結ぶ街道で往来の激しい木之本の地に安置されたことに始まるという。

現在は時宗の寺院であるが、木之本地蔵院と呼ばれるように、門をくぐると本堂の右手に像高五・五メートル、地上一一・五メートルの巨大な銅像の地蔵菩薩立像が迎えてくれる。

その大きな地蔵さんに拝もうと近づくと、その足下には無数の陶器製の蛙《かえる》が転がっていた。当寺ではこの蛙を「身代わり蛙」と呼んでおり、人々の大切な眼が地蔵様のご加護を授かるように、またすべての人々が健康で暮らせるように、片眼をつむり暮らしていると伝えられている。よく見ると確かに片眼をつむった緑色の陶器製の蛙。蛙の白いお腹に名前と年齢を書き、地蔵さんの足下に置くと願い事がかなうという。

木之本地蔵院の身代わり蛙

また、本堂の下では、戒壇巡りが行われている。ここの戒壇巡りとは本尊の秘仏地蔵菩薩が安置されている厨子の下を菩薩の真言を唱えながら一周巡るというものであるが、三十一間あるというその回廊は漆黒の闇である。前を向いても後ろを向いても全く何も見えない。闇の恐ろしさを身体で感じながら、ちょうど腰の位置辺りの右側の壁をつたって行くと、中間点くらいのところにある大きな錠前に触れることができた。この錠前は地蔵菩薩の御法印を封じているもので、本尊の御手と五色の紐で結ばれている。このありがたい錠前を手に感じることはすなわち地蔵菩薩の手を握っていることになり、ご加護を授かることができるのだ。
本堂の下から出たところに「裏地蔵参拝処　お地蔵様の御香水」と書かれた看板がある。矢印に従っていくと、本尊が安置してある厨子の裏側にたどり着いた。そこには木製の立像が裏地蔵として安置されており、参拝できるように祭壇が用意されていた。その向かい側に、湧き水である「お地蔵さまの御香水」があり、水が汲みやすいように蛇口がついている。また本堂裏手の書院には江戸中期の作庭様式による名勝庭園があり、緑が映える池泉庭園を心静かに鑑賞できる。

木之本地蔵院は長い年月の間に多くの人々が訪れ、巨大な地蔵さまや蛙たち、本堂の秘仏の地蔵さま、そして裏の地蔵さま、戒壇巡りと何通りものお願いごとをこの地蔵院に託したことであろう。現世利益をもたらしてくれる木之本地蔵院は、民間信仰の代表的な事例の一つであり、多くの人々の心を救ったに違いない。

(5)　黒田・大音から賤ヶ岳

黒田家発祥の地と黒田の観音さん

黒田、大音《おおと》、西山などの集落がある賤ヶ岳の南東麓にあたる地域は平安時代から湧水に恵まれ、伊香具神社を中心に生糸を生産し、その技術を長らく伝えてきた。明治から昭和初期にはJR木ノ本駅周辺に大規模な製糸工場が立ち並び隆盛を誇ったが、戦後化学繊維の普及により衰退した。しかし、特筆されるのは、大音・大西地区の湧水が繭に含まれる「セリシン」というタンパク質の成分をうまく引き立たせることで、粘りがある生糸が得られ、現在でも「坐繰《ざぐり》」という伝統技法によって邦楽器の弦に使用する絃糸《げんし》を生産していることである。

国道三六五号に出て真直ぐ北に進むと右手に、黒田家発祥の地と書かれた石碑が建つ「黒田家御廟所」がある。ここは、豊臣秀吉の側近として戦国時代を生き抜いた名軍師黒田官兵衛孝高（一五四六〜一六〇四）の黒田家発祥の地であるという。官兵衛はここ賤ヶ岳で世に名を残す活躍をし大きな功績を挙げた。何かの縁とでもいえるのかもしれない。

　国道三六五号の余呉川の橋を渡ると黒田の観音様で知られる観音寺がある大沢集落に入る。きれいな清流が集落の家の周りを巡り、その水のせせらぎの音と遠くに聞こえる鳥のさえずり以外に聞こえるものがない。山裾の少し小高くなったところに入母屋づくりの大きな屋根を持つ観音寺のお堂が見える。お堂の扉は閉まっているが「拝観ご希望の方は下記へご連絡ください」という表示があり、このお堂をお守りする集落の方々の名前と電話番号が書かれている。電話をすると「すぐに参ります」と、年番の方がお堂に来られ観音様を案内してくださる。井上靖の小説『星と祭』に描かれる湖北の観音さまを拝観する場面を思い出した。お堂に入り、ゆっくりとお厨子を開いていただいた。

「黒田氏発祥の地」と書かれた石碑

　三重の蓮弁に立つ千手観音菩薩は台座も入れて像高約三メートルの一木彫り（国重要文化財）。左右十八の手には各々宝瓶、宝珠、宝剣などを持ち、複雑な衣紋の彫りも軽やかで動きが感じられる。豊かな肉付きとふくよかな顔からは、無限の包容力を感じ、いかなる衆生をも救うという慈悲の姿を見ることができた。伝承では、奈良時代、行基菩薩が自刻したというが、様式的には准胝観音に近く、奈良時代の特徴を持った平安初期のものであるとのこと。案内の方が厨子内の灯りを消し、手持ちの懐中電灯で仏様を照らされると、変幻自在にその表情が変化した。筆者にはそれが、厳しい表情から優しい表情に変わったように見えたが、おそらく見る人の心の環境によって、見え方は変わり、その表情によってさまざまに教え導かれるのだろうと感じた。

お堂の当番は十五軒ある集落の中から輪番制で行われ、三人のグループで三年間お堂のお世話をするという。「お堂の担当は大変というよりもありがたいという気持ちです」という言葉に集落における純粋な観音信仰の深さを知った。

黒田の野神さん

湖北地方には欅《ケヤキ》の古木にしめ縄が巻かれ、野の神様として信仰の対象になっていることが多いが、ここ黒田大沢地区の「野神さん」はアカガシの古木である。近くに、日本名木百選「黒田のアカガシ」（野神ご神木）と書かれた看板がある。アカガシは常緑の高木で、比較的暖かい地域に樹生する特徴があり、この地域では珍しい。

そういう希少さと幹の周囲の太さが六・九メートルという巨木であることが、この樹を神にたらしめたと言えよう。確かに、周辺を木々に囲まれながらも大きさだけでない偉容さを兼ね備え、その存在を誇示している。毎年八月十七日にはこの樹を中心に「野神祭」という祭礼がいとなまれるという。

黒田大沢地区のアカガシ「野神さん」

伊香具神社と糸とりと水上勉

かつて絃糸（楽器の弦の糸）をつくっていたという大音という集落に、伊香具神社がある。その伊香具神社のすぐ隣に「糸とり資料館」と書かれた古民家があり、建物の前にこの地域の歴史や糸取りの技術や特徴についての解説がされている。

それによると、糸取りの歴史は、時代は十六代応神天皇に遡り、中国の呉の国から四人の女工が渡来し、この地に糸とりの技法を伝えた。そして、伊香具神社の独鈷水（湧水）を利用して品質の良い生糸が生産され、盛んに宮中（朝廷）に運ばれたという。後に、その弾力のある高品質の糸は琴や三味線等の弦に使用されるようになり、今も集落の中でその伝統技術が使われ貴重な絃糸が生産されている。

伊香具神社の鳥居は珍しい伊香式

文豪水上勉が大音・西山集落の製糸工女を主人公とした長編小説『湖《うみ》の琴』を昭和四十年（一九六五）から翌年にかけて読売新聞の夕刊に連載した。その後、この小説が佐久間良子主演で映画化され、一躍湖北木之本のこの地が知られるようになった。

物語は、大正十三年（一九二四）、若狭の貧しい村から西山集落に糸とりの女衆として奉公にやってきた主人公「さく」が、同じ境遇の男衆「宇吉」との純粋な愛に生きながら、社会のさまざまな因習に翻弄され、その命を絶ってしまうという悲しい物語である。水上勉が湖北の情景と儚い人間の運命を重ね合わせた名作である。

伊香具神社の創立はこの地域の製糸業の歴史と同じく、天武天皇の白鳳期以前とされ、平安時代に制定された「延喜式」の中で、大社大明神という非常に高い社格を備えていた。境内には先に触れた「独鈷水」という湧水池があり、また集落の所々にも今もなお湧き出る清水や井戸が散在する。古代の湖北地域は、間違いなく中国大陸、朝鮮半島と奈良の都をつなぐ要衝にあたり、この伊香具神社を氏神とする地域は当時の湖北の中心地であったと想像できる。伊香具神社の鳥居は、「伊香式鳥居」と呼ばれ、唯一無二の鳥居である。この神社の前は古代の入江がせまり、背後に神奈備山があるため、奈良の三輪山三輪神社と安芸宮島の厳島神社の鳥居が合わさった形になっているという。古代の祈りのロマンを感じる。

賤ヶ岳の合戦

大音集落の中に、賤ヶ岳に登るリフト乗り場があり、それに乗り山頂へ。頂上から眺めは絶景で、南西には琵琶湖に突き出た葛籠尾崎とその先端に竹生島が、南東には山本山からその東の先に小谷山、虎御前山、真北に余呉湖が一望できる。賤ヶ岳の合戦時は熊笹とススキが生えるのみであったといわれていることから、この山頂に立てば、一瞬にして戦況が見えたであろう。

「春は来りぬ。越路の雪も解初めたれば、柴田勝家、先づ佐久間盛政をして一萬五千の兵を率い、近江の柳瀬に討って出しむ……待ちうけたる秀吉は……」（尋常小学校　国語讀本第十一巻より）

天正十一年（一五八三）、四月二十日このようにして「賤ヶ岳の戦」が始まった。七本槍と呼ばれた勇猛な七名の武将を代表とする兵力とともに、軍事上の要衝である賤ヶ岳に砦をつくって待ち受ける羽柴秀吉軍が優勢かと思われたが、柴田勝家の右腕、金沢城主佐久間盛政の果敢な先制攻撃に秀吉軍は動揺する。賤ヶ岳の中腹大岩山砦を守っていた摂津茨木城主中川清秀が奮戦するも壮絶な最後を遂げた。それを聞いた秀吉は、その時、東の固めのため美濃大垣城につめていたが、すぐに行動し、賤ヶ岳へと進軍。佐久間盛政を攻略、一気に戦況を我がものにした。この戦いの結果、信長亡き後の後継者として秀吉の地位が揺るぎないものとなったのである。

余呉湖

余呉湖は、賤ヶ岳の稜線と、その山並みが静かな水面に美しく映ることから鏡湖《きょうこ》と呼ばれる。先述した『湖の琴』のラストシーンは、主人公の女工「さく」が自らの命を絶ち、「さく」を純粋に愛した同郷の宇吉がその亡骸とともに余呉湖に沈んでいくというものである。水上勉はこの小説の最後に「さくの死について真否のほどを疑い、世の物語作者の常なる絵空事と嘲

賎ヶ岳から余呉湖を眺める

中川清秀の墓

られる読者があれば、私（作者）はただ晩秋の夕暮れ時に、余呉の湖畔に立ち給えというしかない」と記している。

余呉湖は、この小説のほかにも、羽衣伝説や、賤ヶ岳の合戦時にはその壮絶な戦いによって湖が血で赤く染まったという伝説などが伝わり、物悲しいフィクションの舞台となっている。湖辺に佇む家並み、そして周囲を山に囲まれた深く静謐な湖。この情景と日本文化が持つ独特な「儚さの美」というものが重なることで、ここに語られるフィクションは必然的に別れや悲しみがテーマとなるのであろうか。

(6) 近江八幡の街

年間約四百万人の観光客が訪れるという近江八幡の街。現在は、JR近江八幡駅から旧市街地の八幡山へ伸びる大通りに沿って国道二号を越えるまでは、市役所や商工会議所が集まる官庁街や、大型スーパー等がひしめく新しい町並みとなっている。しかし、旧国鉄が敷かれるまでは、近江八幡の中心市街地は八幡山の麓の水郷が巡らされた豪商の家が立ち並ぶ旧市街地であった。明治二十二年（一八八九）、鉄道が敷かれ、近江八幡駅（当時八幡駅）が設置されると、人々は徐々に生活の場を駅前に移すようになり、近代化にともなう開発は、駅周辺に集中、八幡山の麓の古い町並みは奇跡的にそのまま残されたのである。平成三年（一九九一）には、国の伝統的建造物群保存地区に指定され、建物の保存活動が活発に行われている。

八幡別院と伴家住宅

近江八幡では「御坊さん」と親しまれる八幡別院は、浄土真宗本願寺第十一世顕如上人（一五四三〜九二）が創建したと伝えられ、創建当初の蒲生野（東近江市）から、安土城下に移り、信長政権滅亡後、豊臣秀次の庇護のもと、この地に移された。県指定の有形文化財、表門をくぐると、同じく有形文化財の豪壮な本堂が大きな存在感を示す。現在の本堂は享保元年（一七一六）の創建であるが、平成十六年（二〇〇四）に修復工事が完了。堂内内陣は、阿弥陀如来を本尊として、丸柱は極彩色に彩られ、お厨子は金色に輝くというまさにそこは極楽浄土である。

この八幡別院は、近世、朝鮮通信使を迎え昼食の接待をした場所として知られる。朝鮮通信使は慶長十二年（一六〇七）以来、江戸の将軍が交代するたびに朝鮮国から国王の親書を持参し、挨拶に来たという使節団である。通信使は瀬戸内海から大坂に入り、淀川を遡って京へ入洛、京を出て守山で一泊して、近江八幡で昼食をとった。通信使は別院の表門から入場し、本堂には入らず、勅使門から書院に入り、正使や副使は上段の間と呼ばれる部屋で最高級の接待を受けた。

通信使も見たでのあろうかと思われる美しい庭が往時を想像させてくれる。上段の間には、通信使が昼食時に使用した食器と、正徳元年（一七一一）に使節団の副使李南岡が記した漢詩が軸として掛けられている。長旅の疲れを感じ

朝鮮通信使の昼食として出された献立のレプリカ（伴家住宅にて）

ながら故郷を思う美しい詩である。

当時の食事のレプリカは、近江商人（八幡商人）の館「伴家住宅」に展示されている。伴家は、五代目に伴蒿蹊（一七三三～一八〇六）という国学者を輩出した著名な商家であるが、この旧家には、朝鮮通信使がもたらした文化を中心に、近世商家の文化が詳しく展示されている。

天和二年（一六八二）に来日した約五百名の通信使を接待した詳細な古記録が現在も残っており、それに基づいてその食事は復元されている。カラスミ、鮒ずし、あわびなど、現代の晩餐会のメニューであってもおかしくない素晴らしい料理が展示ケースの中に並んでいた。八幡商人の活躍を背景としたこの地域の豊かな経済力が、伴家住宅の建築意匠や、その献立に見ることができる。

朝鮮通信使に昼食を提供した際、その食器を信楽焼の工房に依頼して、白い釉薬を何度も重ね、当時朝鮮半島や中国で一般的であった白磁に似せたものをつくった。当時日本には存在しない白磁を、通信使の「もてなし」のために制作し、大変喜ばれたというのである。

朝鮮人街道は、野洲の小篠原から、近江八幡と彦根の城下町を通過し、鳥居本で合流する。「家康が関ヶ原で勝利を収めた時に通った吉祥の道」である、「日本を広く見せるため」であるなど諸説いわれるが、最高のもてなしをするためには、経済的に潤う近江八幡や彦根を通らねばならなかった。朝鮮人街道はいわゆる「もてなし」の街道であったのだ。

商人屋敷とヴォーリズ

伴家住宅を出て、八幡山を正面に見る新町通りは、電柱が無く、砂利道を思わせるアスファルト、両側に立派な商人屋敷が並び、雰囲気は完全に江戸時代である。常に多くの観光客がこの近江八幡の象徴的な通りに詰めかけている。

　重要文化財に登録されている旧西川家住宅では、夏の暑さと湿気を避けるため、庇が長く外に張り出した建築様式などを垣間見て、エアコンが無い時代の近世生活の知恵に触れることができる。

　新町通りを右に回ると、株式会社近江兄弟社の本社屋があり、一階の資料館で兄弟社の社歴や商品を見ることができる。この会社は、キリスト教伝道師で、建築家、実業家であるウィリアム・メレル・ヴォーリズ（一八八〇〜一九六四）が創業した。メンソレータム（現メンターム）を製造販売する製薬会社が近江兄弟社であるが、ヴォーリズは建築設計会社も経営し、大丸心斎橋百貨店や関西学院大学の校舎、教会、個人住宅等、国内外に千六百もの建築物を世に残した。社屋の前には、少女がヴォーリズに花束を渡す銅像があり、「世界の中心は近江八幡にあり」と提唱し、すべての人々が幸せになることができるまちづくりを目指した彼の業績を顕彰している。

大勢の観光客で賑わう新町通り

八幡堀

日牟禮《ひむれ》八幡宮に入る手前の石造鳥居の前には、明治時代に教育の場として建てられた西洋建築である白雲館がある。鳥居をくぐると、すぐに、近江八幡の代名詞ともいえよう「水郷（八幡堀）」を渡る橋が架かかり、橋上から、映画やドラマのロケに登場する水郷とともに白壁の土蔵や柳の木を眺めることができる。天正十三年（一五三五）に八幡山城を居城とした豊臣秀吉の甥で養子の豊臣秀次（一五六八〜九五）が、ここを城下町として整備し、琵琶湖につながる水郷を巡らせた。この水郷は、以後近世の八幡商人の商業活動を支えた重要な文化遺産であるといえる。

しかし、昭和の高度経済成長期には、完全に古いものとして町並みとともに、水郷までもが忘れ去られ、特に水郷は、雑草や藻で埋め尽くされて悪臭が発生したため、埋め立てて、日牟禮八幡宮を訪れる人たちの駐車場にしようという計画まであったという。幸い、当時の若き企業家たちが、水郷をきれいに整備して復活させ、現在、唯一無二の文化遺産として近江八幡の誇りとなっている。そしてその努力が、平成十八年（二〇〇六）、国の重要文化的景観第一号の選定につながった。

美しい水郷（八幡堀）

水郷（八幡堀）を渡ると、広場は車で埋め尽くされ、両側にある和菓子店と洋菓子店に多くの観光客が集まっていた。駅前ではなく、近江八幡の鎮守の神である日牟禮八幡宮参道のたたずまいの中に店を構えた菓子店経営者の方向性は間違いなかった。

日牟禮八幡宮と祭礼

日牟禮八幡宮は武内宿禰が第十三代成務天皇の命でこの地に大嶋神社を祀ったことが草創と伝えられる大変古い伝承がある。中世までは、八幡山山頂に社があり、麓にも遥拝所として下の社が存在したが、豊臣秀次が山上に城を築く際に、麓に合祀して現在のかたちとなったという。境内には豪壮な楼門、拝殿、本殿、そして能舞台があり、豊かな経済力をもった八幡商人の鎮守社としての威風を感じることができる。

麓から山上へは現在ロープウェイでつながっており、山上には日蓮宗唯一の門跡寺院である瑞龍寺がある。この寺院は、秀吉の姉で秀次の母である智《とも》（一五三四～一六二五）が、秀次の切腹後、菩提を弔うために出家し、後陽成天皇の庇護のもと京都嵯峨の村雲に創建されたのが始まりで、別名「村雲御所」とも呼ばれ親しまれている。昭和三十六年（一九六一）に、京都から秀次ゆかりのこの地に移され、今も秀次の七月十五日の命日には盛大に法要が営まれる。山上の展望は絶景であり、琵琶湖の中央を牛耳り、壮大な城下町を築いた秀次の偉業を追体験することができる。

日牟禮八幡宮本殿

また、毎年、麓の参道では三月に「左義長まつり」、四月に「八幡まつり」が開催され、湖国の春を告げる風物詩となっている。「左義長まつり」は、旧市街地の各町が毎年干支に因んだ飾り物（ダシ）を制作し、街を練り歩き、この場で奉火する。一方、「八幡まつり」は、旧市街地の周辺部の十三郷と呼ばれる集落の祭礼で、宵宮では高さ十数メートルの巨大なヨシ松明を奉火し、翌日は巨大な太鼓が登場する太鼓祭りが行われる。二つの火祭りに篠田の火祭りを加えて、「近江八幡の火祭り」として平成四年（一九九二）、国の選択無形民俗文化財に選定された。一年に一度、各集落、町内の人々が力を合わせて、ダシやヨシ松明をつくり、それを神様の前で奉火するという勇壮な祭りの意義を深く感じる。

(7) 豊郷から多賀大社

伊藤忠兵衛記念館と江州音頭発祥の地　千樹禅寺

近江鉄道駅前から西に伸びる道を行くと旧中山道（県道五四二号）に出る。左手に藤棚がある広い公園に「伊藤忠兵衛翁碑」と忠兵衛本人の肖像が彫られた大きな横長の石碑が佇む。公園の南隣の駐車場には、「伊藤忠兵衛家屋敷跡」の石碑があり、その横に並ぶ板塀の旧家が伊藤忠兵衛記念館である。伊藤忠兵衛（一八四二～一九〇三）を改めて解説する必要はないように思うが、現代の総合商社「伊藤忠商事」「丸紅」の創始者で、近江商人の中でも最もよく知られる人物である。その初代忠兵衛の百回忌を記念して、二代目忠兵衛が生まれた屋敷を記念館とし、平成十六年（二〇〇四）から公開されている。

中には大きな土間、炊事場、帳場、奥の間等に入ることができ、各部屋からは美しい日本庭園を眺めることができる。部屋の所々に、ステッキやカバン等の愛用の遺品が展示され、壁には伊藤家の年表や初代忠兵衛と八重夫人の活躍が説明されている。近代に入って日本のビジネスを世界に通用するものへと発展させた忠兵衛の偉業を知ることができる。

伊藤忠兵衛記念館の近く、千樹禅寺という寺院の前には、「江州音頭發祥地」と彫られた大きな石碑があり、境内の広場の奥に立派な観音堂が鎮坐し、その横には石造の鳥居と祠がそれぞれ二基ある。

この寺院では、信長の兵火の後、天正十四年（一五八六）に藤野太郎衛門常実が観音堂を再建し、遷仏式の余興として、老若男女を集めて手踊りをさせた。その後、弘化三年（一八四六）に藤野四郎兵衛良久が音頭取に桜川大龍（一八〇九〜一八九〇）を起用して、音頭に合わせて種々の花傘や華美な扇子が登場し、より華やかで大規模な踊りが催されるようになったという。これが江州音頭の始まりであるといわれ、今でも八月十七日の観音盆にはこの地で花傘と扇子が登場する盆踊りが行われているという。今ではひっそりとした田園地帯であるが、江戸時代には旧中山道に面した寺院であるから故に、多くの人が集まり、そこで起こった風変わりな盆踊りという一つの流行が一気にかつ広範囲に拡散したのであろう。そしてその文化の広がりの背景には、忠兵衛をはじめとする近江商人の活躍があったに違いない。

江州音頭発祥の地とされる千樹禅寺

旧豊郷小学校

現代の家並みと旧家が新旧混ざりながら昔の風情を残す旧中山道は、緩やかに曲がりながら景色を変えていく。その街道の右手に白亜の校舎が見えてきた。「旧豊郷小学校」である。旧豊郷小学校の校舎は、二代目である。昭和十二年（一九三七）に、豊郷小学校の卒業生で当時総合商社「丸紅」の専務取締役であった古川鉄治郎（一八七八～一九四〇）が私財によって建設したという。ヴォーリズ建築として知られ、総工費が当時の町の年間予算の十倍にあたったという鉄筋コンクリート造の豪壮な校舎は、東洋一といわれた。

平成十一年（一九九九）に当時の豊郷町長がこの校舎の建て替えを議会で議決したが、町民の強い反対運動によって守られたことが全国的な話題となり、この旧校舎は保存され新校舎はその隣に建設されることになった。平成二十一年（二〇〇九）に放映された深夜アニメ「けいおん！」に登場する架空の高校の校舎がこの旧豊郷小校舎をモティーフとしたため、このアニメの人気とともに校舎自体がアニメの聖地と呼ばれ、今では地域活性化の拠点ともなっている。

白鳥が両翼を広げ、今まさに飛び立とうとする様に見える秀麗で美しい校舎は、単なる小学校の旧校舎にとどまらず確かに聖地としての風格を持っている。

旧豊郷小学校の白亜の校舎

戦国武将尼子氏発祥の集落と藤堂高虎の出生地　在士集落

尼子の地名の由来は古く七世紀天武天皇の世に遡る。天武天皇の長男である高市皇子の母「尼子娘《あまごのいらつめ》」がこの地に住んでいたということに因むという。室町時代の初め、近江源氏佐々木京極道誉の孫高久がこの尼子の地を領有したことから高久は地名を名字として尼子氏の初代となった。出雲の守護代から出発して、十六世紀、晴久の時代には出雲、因幡、美作、備中など山陰、山陽八ヶ国を支配する戦国大名と成長した。

尼子集落から在士集落に入る。細い旧道の脇にはきれいな水をたたえる川が流れ、この地の豊かさを感じる。集落内の旧道の左手に在士《ざいじ》八幡神社の鳥居が見えてくる。「在士」とはこの辺りの字名で、江戸時代に伊勢国の津の城主であった藤堂氏の出身地である。応永年間（一三九四〜一四二七）に藤堂家初代の景盛が石清水八幡宮をこの地に勧請し、境内に紫藤の株を植え子孫繁栄を祈願した。現在も立派な藤棚が鳥居の横に広がっていた。

神社の近くに「せせらぎ遊園のまち　在士高虎公園」がある。公園の中央には戦国期に地方の小さな土豪であった藤堂家を、戦国大名に成長させた藤堂高虎が馬に乗った立派な銅像があり、その公園の入口には、高虎が築城技術に長けていたといわれるためか、大坂城の再建に使われようとして結局使われなかったため「残念石」と呼ばれる石がモニュメント

在士集落にある大坂城の石垣になれなかった高虎ゆかりの残念石

として設置されていた。この残念石には鍵型の印がしっかり彫られているため、藤堂家のものであるという証明がされているが、もとは京都府の木津川に残されていたものを、地域振興の補助金を利用してこの場所に移したという。在士という村にとっては、高虎の藤堂家がここで発祥したという歴史が地域の誇りとなっているのである。

甲良大工　甲良宗廣

在士集落から、県道三三〇号に出て、右に曲がり、四〇〇メートルほどのところに甲良町役場がある。役場の敷地内には江戸時代のはじめにここを本拠地とした大工の棟梁甲良豊後守宗廣の銅像がある。宗廣の代表作は、日吉東照宮の項（66ページ）で紹介したが、徳川三代将軍家光の時に再建した、徳川家康を東照大権現として祀る日光東照宮である。極彩色に彩られ、左甚五郎等の彫刻家を登用し、権現造りと呼ばれる趣向を凝らした建築は、日本建築史上において貴重な事績となっている。築城技術に秀でた藤堂高虎の隣町にこのような名工が生まれたという偶然に驚く。

多賀大社門前の地獄めぐり

近江鉄道の多賀大社前駅前の参道の入口に立派な石造鳥居があり、その鳥居の足に「開運！近江の地獄めぐり」と書かれた

甲良豊後守宗廣の銅像

荘厳な多賀大社拝殿

桜町延命地蔵尊のお堂。中には地蔵菩薩のほか恐ろしい奪衣婆や閻魔王が

大きな幕が張り付いている。地獄を巡って開運とは？　と不思議なキャッチコピーである。

ここから多賀大社までの参道には桜町延命地蔵尊の祠と、阿弥陀如来を本尊とし地獄絵図を寺宝とする真如寺があり、それらを巡ることで、地獄を体験し、そして多賀大社で開運を開くという趣向となっている。観光案内所でサービスマップを購入すると、「まったり地獄」「猫舌地獄」「ほっこり地獄」などのかわいらしい地獄の名前が表示される参道のお店で割引があり、スタンプラリーに参加することもできる。

桜町延命地蔵尊のお堂には、地獄に堕ちた衆生を救う優しい地蔵さんの横に恐ろしい閻魔さんや股裂きをしている奪衣婆の像があり、また、真如寺では身体を火に焼かれ、切りきざまれる地獄の様子を絵にした十王信仰に基づく地獄絵がある。

かつては絵解きが臨場感をもって地獄の存在を語り、集まった近隣の大人子供にとっては、日々の善行を誓うという道徳教育の場であった。

最近は若い女性がスマートフォンで地獄絵を撮影し、おじいちゃんは孫に見せてやろうと写真を撮って帰るそうである。今もなお、インパクトがある地獄の存在はさまざまに発信されている。

延命長寿の多賀大社

多賀大社は、伊邪那岐と伊邪那美という日本の神々を産んだ根本の神様を祀り、俊乗坊重源（一一二一～一二〇六）は源平の争乱で焼けた東大寺を復興するため、まず自分の延命と復興成就をここで祈願し、二十年の延命と再建を果たしたという。そのお礼にやってきた重源は境内の石に坐ると眠るように亡くなったと伝えられ、以後も多賀大社は長寿祈願の神として信仰を集めたのである。

「お伊勢参らばお多賀へ参れ　お伊勢お多賀の子でござる」と俗謡に歌われたが、これは、伊勢神宮の祭神である天照大神が多賀大社の祭神の子供であるということから、伊勢にお参りをするなら、その親である多賀へ参りなさいということである。伊邪那美という神は、天照以外にも多くの神々を出産した母なる神である。

江戸時代には、伊勢神宮と多賀大社の両方に参拝するため、その近道として御代参街道が整備された。当時、貴族や武士、庶民にまでも根付いた信仰の深さを知ることができる。

(8)　甲賀の里

ＪＲ油日駅

白洲正子の名著『かくれ里』の中で最初の章「油日の古面」、「油日《あぶらひ》から櫟野《いちいの》へ」で紹介され、文化財の宝庫として知られる甲賀の里を訪ねた。

ＪＲ草津線は琵琶湖線の草津駅と三重県の柘植《つげ》駅を結び、油日駅は滋賀県と三重県の県境近くに位置する。この駅は、昭和三十四年（一九五九）年に開業し、旧国鉄の運営合理化によって無人駅となったが、住民らが「油日駅を守る会」を設立。現在はボランティアで住民が駅員を務めるという珍しい駅である。駅舎は甲賀地方の代名詞である忍者が巻物を携えている雰囲気をモティーフにデザインされ、近隣に咲く山野草などが周辺に植えられるなど、地域住民のシンボルとして愛されている。

油日神社神田と油日岳遥拝所

油日神社の大きな朱塗りの鳥居の右手には、神体山である油日岳を遠望できる。油日神社の手前に「油日神社神田」と彫られた石碑があり、石碑の後ろには、稲が刈り取られた後の水田と竹で組まれた簡素な鳥居型のものが立てられていた。おそら

JR 油日駅の駅舎

油日神社の「奴振り」

遥拝所で油日岳に向かって頭をたれる筆者
（撮影：石川亮）

くここでは油日神社に供する神のお米が作られ、豊穣を祈る祭礼が行われているのであろう。

　神田を過ぎるとすぐに、きれいな石造の常夜灯が並ぶ油日神社の参道に入り、その参道を五〇メートルほど進むと、正面に油日岳が眺められ、そこに大きな木造の碑が立ててあった。隣には古い常夜灯もあり、古くから油日岳を遥拝する場所であったようである。日光が山全体を照らし、神々しい神山に思わず頭《こうべ》が下がった。

油日神社と祭礼「奴振り」

　遥拝所を左に折れると油日神社である。鳥居をくぐって、境内に入ると正面に檜皮葺き入母屋づくりの楼門がある。この楼門には永禄九年（一五六六）の墨書があり、その両横に巡らされている回廊、そして本殿、拝殿が国の重要文化財に指定されている。このように荘厳な建物がここにあることから、かつてはこの辺りが特別な地域であり、多くの人々が往来して栄えていたと思われる。ここでは毎年五月一日に油日祭りが行われ、国の民俗文化財である太鼓踊りが町へ繰り出し、特に、五年に一度行われる「奴振《やっこぶ》り」という行列は、いわゆる「奴」たちのユーモラスな踊りと謡《うたい》で広く県内外に知られている。この「奴振り」は天元元年（九八七）、橘朝臣敏保が参拝したことに始まるとされ、上野頭《うえのどう》、高野頭《たかのどう》、相模頭《さがみどう》、佐治頭《さじどう》、岩室頭《いわむろどう》の五つの村が毎年交代で開催していたという。現在では、その中で、上野頭のみがそれを担当することになったということで、五年に一度の祭礼となっている。

本殿・拝殿でお参りを済ませ、再び楼門を出ると白洲正子が訪ねたという甲賀歴史民俗資料館に入った。

ずずい子

資料館は甲賀地方の祭礼や神社に伝えられる民俗資料が所狭しと並んでいるが、特に目を引いたのが「ずずい子」である。『かくれ里』で白洲正子は「写真で見られるとおりのあられもない格好だが、そういうものにとらわれずにみれば、大変味のいい、力づよい彫刻で……」と紹介している。髪型がきれいに短くそろえられているいわゆる髪置の前であることとその無邪気な表情や肉付きの感じからから三歳までの童子であることは間違いないが、その体に釣り合わない大きな男根に驚いてしまう。民俗学において男根は再生や生産など五穀豊穣の祈りを意味していると解釈する。おそらくこの油日で祭礼の際に、この「ずずい子」が登場し、五穀豊穣を祈って舞や謡の中心になっていた様子を想像してみた。

油日神社の楼門と回廊

「ずずい子」の横には、白洲正子がこれを見るためにここへやってきたという「福太夫の面」と名付けられた古面が置かれていた。この面には「永正五年（一五八〇）桜宮聖出雲作」の銘があり、単純で力強い彫刻は最高の技術を持った名工の作に違いないと白洲正子は高く評価している。「ずずい子」の背中にも同じ名工の名がみられ、この時代に「ずずい子」とともに、豊穣の祭礼に使用されていたのであろう。「ずずい子」を手に古面をつけた村人が、大勢の前で楽しそうに謡い、踊る情景が瞼に浮かんできた。

油日岳登山道から櫟野へ

油日神社を出発し、櫟野《いちいの》にある櫟野寺《らくやじ》を目指した。近江の地名によくあるが、集落の名前は訓読みで寺院の名前は音読みをする。

少し歩いたところに、「油日岳登山道」と記された大きな看板があり、その奥にその神体山（油日岳）の稜線を見ることができた。油日岳へは先述の油日神社手前の遥拝所からも登山できる。油日岳は油日神社の奥宮として岳大明神、油日荒魂相殿みず象女神の祠があり、その隣に「岳籠《だけこも》り舎」という小屋があって、そこでは毎年九月十一日に油日神社の氏子が山ごもりするという神事が行われるという。登山はまたの機会にすることにして、櫟野寺に向かった。

甲賀の里から神体山を眺める

櫟野寺

櫟野寺の入口には当寺の本尊である十一面観音坐像の小さな石造が無数に整然と並んでおり、先祖供養のために奉納されているのであろうと想像するがその数に圧倒された。山門をくぐり、境内に入ると方形造りの大きな屋根を持つ本堂があり、その横に寺院では珍しく、屋根つきの立派な土俵があった。

まずは本堂右手にある受付を訪ねると、この日は幸運にも秋の特別拝観の期間にあたっており、秘仏で日本最大といわれる十一面観音菩薩坐像を拝観できるとのこと。期待して本堂後ろの収蔵庫に入った。収蔵庫の中央に巨大な厨子がありその中に、金色に輝く十一面観音坐像を見た。高さ一丈一尺という日本最大の十一面観音坐像で国の重要文化財に指定されている。その大きさから「甲賀の大仏」と呼ばれ、親しまれている。この坐像は平安時代、伝教大師最澄が比叡山延暦寺根本中堂の用材を求めてこの地を訪ね、霊夢を感じて櫟《くぬぎ》の生木に彫刻されたという伝承を持っている。この大きな厨子の前面には引きが無く、真下から坐像を眺めることになり、そのことでよりその像の偉容さを間近に感じることができた。

また、延暦二十一年(七九三)に征夷大将軍坂上田村麻呂が鈴鹿連山に棲む豪族を平定するためにこの地を訪れ、この

櫟野寺本堂。右手に土俵がある

十一面観音に祈願し、その加護によって豪族の平定に成功したという。その後、大同元年（八〇六）この寺に七堂伽藍を建立、同寺の守護のため自ら等身大の毘沙門天の尊像を彫刻した。そして、国技である相撲を奉納したという。これらは、もちろん伝承であるが、この五尺八寸の毘沙門天立像（国指定重要文化財）を収蔵庫に見ることができ、毎年十月十八日に行われている奉納相撲はこの時から脈々と続いてきたという。

現在、奉納相撲は地元の大原小学校の生徒たちによって本堂横の土俵で行われるということであるが、寺院での相撲の奉納は非常に珍しいということである。

また、収蔵庫には他にも聖観音菩薩立像や腹帯地蔵尊など多くの国の重要文化財を拝観することができた。

このように平安時代や鎌倉時代の優れた仏像がここにあるということは、この地に良質の用材がとれ、また高い技術を持った仏師がここで活躍していたことを物語っている。今では長閑な丘陵地である甲賀の里も古代の時代には多くの人の往来があり、賑わっていたのであろう。

(9) 肥田城跡を訪ねて

水攻め作戦　肥田城跡

交通の要衝である近江国は、街道の拠点を押さえるため多くの武将が城を築いた。そして必然的にそれぞれの城を舞台に時代を超えてさまざまな攻防が繰り広げられた。

城をめぐる攻防の中で、豊臣秀吉軍がよく使った水攻めという戦法が世に知られる。天正十年（一五八二）、中国攻めの途中の備中高松城、天正十三年（一五八五）の和歌山の太田城、天正十八年（一五九〇）の武蔵忍《おし》城をめぐって行われたものが日本三大水攻めといわれている。

近江国において、その三大水攻めよりも前に、水攻めが行われたという城が現在の彦根市肥田町にあったという旧肥田城である。

肥田城の歴代城主の菩提寺、崇徳寺《そうとくじ》は、聖泉大学の校舎を左手に見ながら、県道を東へ行く先の旧集落の中にある。肥田町の旧町並みの中にひときわ大きな崇徳寺の屋根が。

臨済宗建仁寺派の崇徳寺の門は、ヨシ葺きの四足門で、趣がある。崇徳禅寺と大きく彫られた石塔とともに歴史資料館と書かれた木製看板があった。禅寺らしく掃除が行き届き、境内は大変美しい。

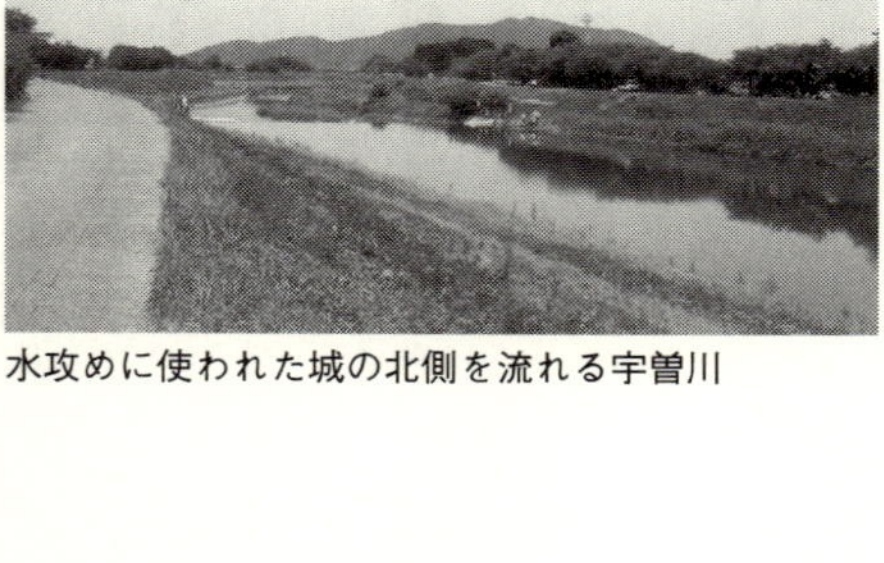

水攻めに使われた城の北側を流れる宇曽川

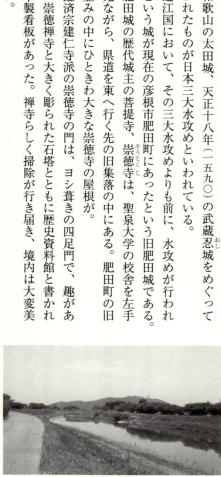

本堂の中央には、高さが二メートルほどのお厨子の中に、ご本尊木造菩薩形坐像（彦根市指定文化財）が静かな表情で蓮台にお坐りになられていた。当寺に伝わるところでは、観世音菩薩、いわゆる正観音さんだということであるが、鎌倉時代の慶派の仏師によるもので、檜《ひのき》の寄木造りで、目は水晶がはめられた玉眼が施され、立派な冠や飾りを着けた美しい観音様である。崇徳寺は肥田城の歴代城主の菩提寺である。そのご本尊は、その優しい目で、多くの殺戮を見つつ、この地の人々の心を慰めていたのであろう。

初めにこの肥田城の城主となったのは、高野瀬隆重という武将で、家系図によると、藤原秀郷（生没不詳）から十四代目にあたる血筋があり、元は久木氏を名乗っていた。源頼朝に仕え、房州館山を本拠としていたが、江州高野瀬村に移住し、高野瀬氏と改名した。この宇曽川中流域付近の荘園の荘官を務めながら、力を蓄え、地域を治める有力な土豪（国人）となって江州南部を治める六角氏の命によって肥田城を築いたという。

高野瀬本家は、以降、代々佐々木六角氏に仕え、佐々木四十八将の一員となったが、高野瀬秀隆の代に大きく時代が揺れ動いた。この頃、江州北部は佐々木京極氏が勢力を誇っていたが、その中から浅井長政（賢政）が台頭、ついには京極氏を追放してしまった。高野瀬秀隆はその浅井氏に内通するようになり、最終的には六角氏を裏切り、浅井氏に味方することになった。

肥田城水攻め

六角義賢は、永禄二年（一五五九）、肥田城を取り返すべく、高野瀬秀隆への報復も込めて肥田城を総攻撃した。その時の戦法が、宇曽川と愛知川の水を引き入れ、肥田城を孤立させるという水攻めであった。

この水攻めについては、これまで『淡海木間攫《おうみこまざらえ》』といわれる江戸初期の地誌に少し触れられており、水攻めの水が引いたのは城内の人たちが、神に祈ったところ龍が現れて飲み干したからであるなどと書かれているため、一つの伝承であるとされてきた。しかし、平成十八年（二〇〇六）から行われた滋賀県教育委員会と㈶滋賀県文化財保護協会による発掘調査で、水攻めの時につくられた堤の遺構が確認され、水攻めが行われたであろうことは証明された。

この水攻めは、一時的に城の周りが水で覆われ、成功したかに見えたが、結果的には、洪水が起こり、堤が決壊したため失敗に終わった。しかし、翌年浅井の援軍が駆けつけ、肥田城の西方の野良田で、再び六角軍と対戦し（野良田表の戦い）、六角軍を退けた。その後、この肥田の地は、浅井氏の領地として固まったが、浅井氏の滅亡後は、信長、そして秀吉のものとなり、最終的に彦根藩領となって城は廃城となる。

肥田城主は、浅井氏の滅亡後、高野瀬秀隆が城主となり、柴田勝家に仕え、越前の一向一揆の平定に参加したが自害、その後、信長の配下の蜂谷頼隆、秀吉の配下の長谷川秀一が城主となった。歴代の城主は、今も崇徳寺の境内に静かに眠っており、墓石である立派な宝篋印塔が彼らの在りし日の活躍を今に伝えてくれている。

崇徳寺境内に佇む肥田城歴代城主の墓石

崇徳寺の歴史資料館

本堂の裏にある歴史資料館でまず目についたのは、壁一面に貼られている明治六年（一八七三）につくられた「地券取調総絵図」と名付けられた古地図である。細かく着色がされ、小字名までが丁寧に記されている。現在は、ほとんどが広大な田畑となっているため、かつての城の位置も、町並みも想像することができないが、その地図の小字名と地割りをよく見るとうっすらと往時の様子がわかる。ちょうど城の中心部に位置するところは、この地図で見ると、「上新田」「下新田」と記されており、彦根藩領となった慶安三年（一六五〇）に藩の命令によって、城があったところを新田として開墾したという彦根藩の文献の記述に一致するという。また、その周辺には、「勘ヶ由屋敷」「藤蔵屋敷」「新助屋敷」などの屋敷名が、そして現在集落となっているところには、「登町」「西町」「東町」等の町名が見られ、城下町が形成されていた様子もうかがえる。

館内で眼を引くもう一つは、歴代の肥田城主、高野瀬隆重、秀隆、蜂屋頼隆、長谷川秀一、四名の肖像画の写しである。原本は彦根城歴史博物館に収蔵されているとのことであるが、この場所に写しが展示されていることに意味があると感じた。当寺には、彼らの位牌と墓石があり、この場所を治めた大きな痕跡を画像とともに確認できる。すなわち、歴史的な合戦も含めて追体験できる良き資料となっているのである。

絵地図を前に解説をしてくださる高瀬住職

木内石亭のコレクション

歴史資料館のもう一つの宝物は、江戸時代の博物学者木内石亭のコレクションである。木内石亭（一七二五〜一八〇八）は大津市の下阪本に生まれ、草津で膳所藩の代官を務める木内家の養子となるが、江戸後期の石（奇石・珍石）の研究家として知られている。近江南部は名石や奇石・珍石が多く産出されるが、木内は本草学を学び、そこから物産学へと広げて、石を研究の対象としたのである。江戸では平賀源内らとも交流したと伝えられている。

十一歳の頃から奇石・珍石に興味を抱き、収集した石はさまざまで鉱物、石製品、石器、化石も含まれており、それらを分類して、人工物なのか自然物なのかも詳しく検証した。石鏃や石斧などの発見もあり、考古学の先駆者としても評価されている。

木内石亭が珍石中の珍石と言ったキノコの化石

江戸時代には珍しい形の石を集めて悦に入るという「弄石《ろうせき》」という趣味が流行したというが、木内は収集家の指導者としても全国に名を知られた著名人であったという。

現在、肥田城跡は、肥田城跡公園としてきれいに整備されている。肥田城跡と彫られた真新しく大きい石碑の先に、山王祠と呼ばれる祠があった。この山王とはいわゆる天台仏教を守護し、国家安泰と五穀豊穣を約束する「日吉山王」のことであり、肥田城においてもその守護神として祀られていた神様である。

明治十二年（一八七九）に、この土地から古壷に入った古銭と木簡が掘り出された。木簡自体は残っていないが、かつての肥田町の戸長である人物の記録によると、この地の歴史が弘文天皇（天智天皇の皇子）の第二皇子大友夜須麿がこの地を治め、崇徳寺を建立。夜須麿の曾孫がここに山王権現を祀り、その子孫がここに古銭を埋めたのではないということであった。崇徳寺の本堂横には大友夜須麿の新しい石碑が建っており、古銭も歴史資料館に展示されている。

肥田城の面影を見ることはできないが、水と祈りの伝承豊かな城跡の存在が、近江の深さを一層引き立たせてくれている。

（三）　道と祈り

(1)　小関越え

近世江戸時代、京都三条大橋から山科を抜け、大津へ向かう峠といえば逢坂山が一般的であったが、西国観音霊場三井寺に抜ける「小関越《こぜきご》え」も信仰の道として多くの人々の往来があった。逢坂の関の「大関」に対してこの峠は「小関」と呼ばれたという。

車石と山科地蔵

ＪＲ山科駅から東海道（旧三条通り）を東へ進むと、左手に「東海道」と彫られた道標があり、その後ろにかつて牛車《ぎゅうしゃ》が通行するために敷設された「車石」が置かれている。今から約二百年前の文化二年（一八〇五）に京都の心学者脇坂義堂（生年不詳〜一八一八）が大津から京都三条大橋までの一二キロメートルの区間にこの車石を敷き並べたという。車石はここだけでなく、東海道沿いの各地に残っており、車輪が通過した轍の跡に深い歴史を感じる。

道標を後にして東に進むと、左手に六角のお堂が見えてくる。徳林庵「山科地蔵」のお堂である。平安末期、疫病の流行に際し、都を守護するために後白河天皇（一一二七〜九二）が平清盛（一一一八〜八二）に命じて京都の街道の出入口六ヶ所に地蔵尊を安置させたという。この六地蔵は平安初期に小野篁《おののたかむら》が地獄へ行き、そこから帰還して彫ったといわれる木像で、かつて伏見の六地蔵に六体あったものを清盛が分置したと伝えられ、現在は「山科地蔵」として信仰の対象となっている。毎年八月二十二日、二十三日は京の六地蔵巡りが行われ、伏見六地蔵、鳥羽地蔵、桂地蔵、嵯峨常盤地蔵、鞍馬口地蔵と並んでここ山科地蔵も多くの人で賑わうという。平安時代の伝承が、そのまま民間信仰として根付き、今もなお多くの人々の心を惹きつけている。旧街道ならではの夏の風物詩といえよう。

東海道の道標と旧三条通り

藤尾の磨崖仏

そのまま、街道を進むと、小さな川を挟んで大津市横木一丁目に入る。そこから近江国である。先を行くと左手に「小關越」「三井寺観音道」と書かれた巨大な道標がある。この巨大な道標の存在は、京都から多くの人々が湖国三井寺に参拝していたことを証明している。小関越えはまさに信仰の道であった。ここから真直ぐ東へ進めば大関と呼ばれる逢坂山で、左に曲がれば小関越えとなる。

道標に従って左に折れ、小関越えに入ると琵琶湖疏水に出る。疏水辺りを上流に進むといよいよ山道に差し掛かり、その入口に日蓮宗立正山寂光寺がある。ここの本堂には「藤尾磨崖仏」と呼ばれる高さ二七八センチ、幅五六六センチの花崗岩に彫られた磨崖仏が鎮坐する。中央に像高一八四センチの阿弥陀如来坐像が存在感を示し、向かって右側に観音・勢至の両菩薩立像が、また左側に地蔵菩薩立像が刻まれている。周りにも仏像と梵字が刻まれ、中央の阿弥陀如来を含めすべて数えると十五体となる。阿弥陀像の光背部分に延応二年（一二四〇）という文字が微かに見え、これが間違いなければ鎌倉時代の彫刻となり、県内で最も古い石造美術品の一つと言える。この石仏はかつて小関越えの途中にあった「山田堂」、「藤尾観音堂」と呼ばれる寺院の中にあったと伝えられ、古くからこの辺りの浄土信仰の中心仏となっていたことが偲ばれる。

寂光寺本堂

京都の近代化を支えた琵琶湖疏水の竪坑

磨崖仏を後にして、小関越えを行くと柵で覆われた琵琶湖疏水の「第一竪坑」を見ることができる。竪坑は地面から垂直に約五〇メートル掘り下げた坑道で、トンネル内の換気や採光のために掘られ、疏水工事にとって大変重要な穴であった。この工事の責任者であった田邉朔郎（一八六一〜一九四四）は「一番苦しんだのはこの竪坑であったが、工事を進める中で安心を与えてくれたのもこの竪坑であった」と疏水の難工事を振り返ったという。京都の近代化にとって無くてはならない存在であった琵琶湖疏水。琵琶湖の湖面が標高八二メートルで、京都盆地の標高よりも高いということに気づいた大学生（工部大学校〈現東京大学〉で学ぶ田邉朔郎）が、琵琶湖の水を京都に流すという大土木事業を発想したという。時代は明治初期。水という資源を運輸や発電、水道用水として利用していた古き良き時代のことである。

琵琶湖疏水第一竪坑

小関峠の地蔵さんと堅田源兵衛の首

小関越えの頂上には「峠の地蔵さん」と呼ばれる石仏を安置するお堂がある。かつて大津と京都を結ぶ車道を造るための工事が行われた際、道端にあった小さな石仏をこの地に安置したという。堂内はきれいに整備がされており、色鮮やかな供花が石仏の両側に供えてあった。左側に掲げてある由緒板には「峠の地蔵さん保存会一同」という銘が書かれており、地域の人々の厚い信仰の姿を感じる。

峠の地蔵から坂を下りていくと、琵琶湖が眼前に眺められ、その左手に大きな墓地がある。「南無阿弥陀仏」と掘られた巨大な石柱や、石造の大きな六地蔵が安置されており、国境の街道独特の雰囲気を感じる。その右手に蓮如上人御旧跡三井寺南別所等正寺《とうしょうじ》がある。ここには蓮如上人にまつわる浄土真宗の厚い信仰を物語る伝説が伝わっている。

当寺の略縁起によれば、蓮如上人が延暦寺の旧仏教勢力から京都を追われ、北陸へと逃れようとした時に、親鸞聖人の御真影を三井寺に預けられた。やがて、北陸吉崎にて教団の体勢を整え、京都山科に本願寺を建て浄土真宗の復興を成し遂げた時、三井寺に対して親鸞聖人の御真影の返還を申し出た。三井寺の衆徒はその御真影を返還する条件として「生首を二つ用意すること」という難題を突きつけてきた。この話を聞いた堅田の漁夫源兵衛は殺生を生業とする漁夫は元来極楽へ往生することができない、しかし、こんな我々も往生できると導いてくれた蓮如上人のために自分の首を捧げたいと申し出、その意を汲んだ父源衛門が涙ながらに息子源兵衛の首を打ち落とし、自分の首を二つ目の首として三井寺へ捧げようと出向いた。源衛門を前にした三井寺の衆徒は浄土真宗の宗門にこのような信仰厚い者がいたのかと自分たちの行動を省みて恥じ、深く陳謝して御真影

小関峠の地蔵さん

を返却した。その後、源衛門は我が子源兵衛の菩提を弔い巡礼の旅へとこの地を去ったという。

等正寺にはその源兵衛の首が本堂の厨子の中で手厚く祀られている。この源兵衛の話は等正寺のみに伝わるものではなく、堅田光徳寺など浄土真宗の信者の中で長らく語り継がれてきた伝説である。おそらく全国各地で布教の際に伝道師によって熱く語られたと想像できる。親鸞を宗祖とし、蓮如が復興を成し遂げ、今では日本最大の教団となった浄土真宗の信仰の深さを改めて感じた。

小関の道標

等正寺から坂を下ると大津市指定の有形文化財である道標がある。三面に文字が刻まれ、そこには「左り三井寺　是より半丁」「右小関越え　三条五条いまくま　京道」「右三井寺」とある。西国三十三観音霊場の第十四番の札所が三井寺で十五番が京都今熊野の観音寺である。近世にはこの順番で小関越えを大津方面から山科へ向かって多くの巡礼者があった。この道標は「小関越え」が北国海道と東海道の間道（近道）であったと同時に、信仰の道であったということを静かに証言してくれている。

小関の道標

長等公園の平忠度の歌碑

道標を右に折れるとすぐに、長等公園に出る。春には山桜が満開になるきれいに整備された公園で、入口左手には、三十五歳で夭折した日本画家三橋節子（一九三九〜七五）の作品が並ぶ三橋節子美術館がある。草木を描いた初期の作品から「花折峠」「小女郎が池」「三井の晩鐘」「鬼子母神」など近江琵琶湖に伝わる民話を描いた後期の大作までが一堂に展示されている。

長良公園の展望台には平忠度《たいらのただのり》（一一四四〜八四）の歌碑が佇む。大正三年に建てられた大きな歌碑には「さざ波や　しがのみやこはあれにしを　むかしながらの山ざくらかな　戊申夏日　従二位藤原朝臣朝風書」と刻まれている。平清盛の末弟である平忠度は武勇にも長けていたが歌人としても知られ、藤原俊成（一一一四〜一二〇四）に師事して多くの秀歌を生み出した。源平の戦乱期に、平家が都を追われた時、忠度は師の俊成に自分の歌百余首が入った巻物を託した。忠度は一の谷の合戦にて戦死するが、文治四年（一一八八）後白河院の院宣によって俊成が編纂した『千載和歌集』の中に、忠度の歌が取り入れられた。しかし、当時忠度は朝敵であったため、「詠み人知らず」とされていたという。

この歌は、「かつて大津の宮として栄えたこの地も源平の合戦によって荒れてしまったがこの長等山の山桜は今も昔も変わらない」と語りかけている。しかし、その山桜もまた数日で散ってしまうというように詠めば、平家物語の冒頭に歌われたいわゆる仏教思想の真理である「諸行無常」を深く語っているように思える。

信仰の道「小関越え」。国境となる峠道は異界への出入口という場所であるため、極楽浄土に住む阿弥陀如来や地獄に堕ち

平忠度の歌碑

た衆生を救う地蔵菩薩、人々の苦しみを救う観音菩薩などさまざまな仏の存在がそこにある。「小関越え」は、三井寺や今熊野へ行くための巡礼のためのだけの道でなく、その峠道自体に信仰が根付き、多くの人々が祈りを捧げてきた祈りの道なのである。

(2)　志賀の山越えを行く

「志賀の山越え」という峠道は、大津京の時代に建立された志賀寺（崇福寺）の参詣道としてつくられ、平安時代には歌枕として和歌集に登場するほど、名所として知られるようになった。そして室町時代に隆盛を極め、比叡山延暦寺の膝元である三津浜（現在の下阪本付近の港）と京の七口の一つである荒神口を最短距離で結び、多くの人々が物資とともにこの道を通った。

千躰地蔵堂

滋賀里から入る峠道の入口には、古民家の石垣の間を抜けたところに「千躰地蔵堂」と呼ばれるお堂がある。お堂の中には小さな木造の地蔵様が横に五十体、上に二十列できれいに整列されているので、確かに千躰あろうか。そのお堂の後ろには阿弥陀様や地蔵様、また道祖神と思われる石仏が安置

千躰地蔵堂

されており、そこに地域の結界である峠の入口にふさわしい風情を感じる。また、振り返ると美しい琵琶湖の湖面が眺められ、都からの多くの旅人の心を癒したのだろうと追想した。

百穴古墳

千躰地蔵堂から山道に入るとすぐのところに「百穴古墳《ひゃっけつこふん》」がある。古墳時代後期の古墳は一つが非常に小さくなり、石室の横穴がたくさん見えるため百穴古墳群と呼ばれている。全国各地にも同じような古墳群を確認することができるが、ここのように石室の天井がドーム型で、副葬品の中に、カマやコシキ、ナベなどの炊飯器のミニチュアが含まれるのは、坂本から錦織にかけてのこの辺りの古墳の特徴であり、中国や朝鮮半島から渡ってきた人々の影響が強く残る地域である。

志賀の大仏

百穴古墳から少し進むと「志賀の大仏《おぼとけ》」と呼ばれる大きな石造阿弥陀仏が安置されている。大津市指定文化財のこの仏様は、高さ約三・五メートル、幅約二・七メートルの坐像で花崗岩に彫られている。時代は十三世紀の様式であると推定され

道中の安全を守ってくれる志賀の大仏（おぼとけ）さん

百穴古墳群の石室内部を確認する筆者（撮影：石川亮）

るが、その時からここに鎮坐しているのであろうか。眉が大きくしっかりと彫られ、伏し目に小さく閉じた口元、そのお顔から旅人の安全を守るという強さと、道中の不安を癒す優しさを感じた。今ではこの仏様をもとに「大仏講」が営まれ、大切に守られている。この志賀の山越には、山中町に一体と、京都の北白川にもう一体の石造坐像があり、それぞれが旅人の道中を守ってきた。

古代の大寺院　崇福寺跡

志賀の大仏を後にして、奥に入っていくと右に「崇福寺跡」がある。崇福寺は天智天皇七年（六六八）、大津京遷都の翌年に建立された巨大寺院で、北尾根に弥勒堂、中尾根に小金堂と塔、南尾根に金堂と講堂と三つの尾根に分かれて伽藍が配置されていたという。きれいに整備された丸太の階段を上がると、建物を支えていたであろう礎石が点在する広場が現れる。中央に崇福寺址と彫られた大きな石碑がある。この南尾根は他の尾根と礎石の間隔や大きさが異なり、また、出土品も白鳳期のものがないということから、時代が少し下り、桓武天皇が建立した梵釈寺の跡ではないかというのが定説になっている。

日本の歴史は縄文・弥生と続いてやがて古墳の時代に入る。その古墳は巨大なものから徐々に小さくなり、最終的には仏教の流入によって消滅する。百穴古墳と崇福寺跡という遺跡

崇福寺跡の石碑

はその当時の時代の流れを如実に物語っている。

無動寺谷への道標と石燈籠

峠のピークは比叡山ドライブウェイをくぐるトンネルである。山中町を目指して山道を下る。旧街道（志賀越え）の分かれ道に合流するところに京都方面の山中町からやってきた旅人を迎えるように大きな石燈籠が二つ立っており、いずれもその胴部分に「弁財天女」と彫られていた。その二つの石燈籠の横に道標があり、そこには「左むどうじ道　辨才天女　不動明王　是より三十六丁」と彫られている。これは比叡山延暦寺根本中堂近くにある無動寺谷を案内するものである。無動寺谷は比叡山の荒行の一つ千日回峰行の中心地であり、弁財天や不動明王等の民間信仰の拠点でもある。江戸時代には京都から多くの人々がこの燈籠や道標に導かれて参道を歩いたのであろう。

山中町の石造阿弥陀如来坐像

志賀越え道をそのまま下り、山中町の旧集落に入る。白川の清流が街道の脇を流れ、古い街並の風情を残す静かな集落である。空き家に新しい家族が都市部から移り住んでいるような雰囲気が感じられる古民家が数軒あった。その集落の中心部であろうか、西教寺というお寺の門前に、この峠道で二

山中町西教寺門前の石仏

つ目の出会いとなる大きな石仏がある。大津市の指定文化財「石造阿弥陀如来坐像」である。全体で二・五メートル、先ほど見た「志賀の大仏」よりも少し小ぶりであろうか。旅人の目印である一里塚として、また、旅の安全を守る守護神としてここに長らく鎮坐し続けてきたのであろう。ただ、この地では「薬師さん」とも呼ばれて、病から人を救う現世利益の仏様として厚い信仰があるという。

近江と山城の国境

山中町の集落の出口は県道三〇号下鴨大津線（通称山中越えと呼ばれる県道）である。県道を左に出て数メートル行くと、左側に石段があり、下りると再び旧道に出る。そこに「従是西南　山城國／従是東北　近江國」と彫られた道標があり、その向かい側に「重ね岩」と呼ばれる大きな岩が鎮坐していた。その岩肌には像高四〇センチほどの四体の仏様がはっきり浮かび上がり、苔むしたその姿から、この磨崖仏は、山城と近江の国境を長く見守り続けている道祖神であると確信した。

重ね岩　上に苔むした仏様

(3) 東海道　三雲から旧石部宿

横田の渡しと常夜灯

晴天の一日、JR琵琶湖線の草津駅で草津線に乗り換え、三雲駅に着いた。三雲駅の前の道を野洲川方面に少し歩くとすぐに旧東海道に出る。いったん右に折れ、逆の水口方面へ向けて歩きはじめた。それは、木曽川や天竜川など東海道の十三の難所の一つに数えられる「横田の渡し」を確認するためである。旧東海道はちょうど野洲川と平行しており、左岸を上流に向かうかたちで歩いた。すると、左手に三雲側の常夜灯が見えてきた。高さ四・八五メートル。五段の石積の上に立っている火袋付きの立派な常夜灯である。石積みに記されている文字から、安永八年（一七七九）に東講中によって寄進されたものであることがわかる。設置された時はもう少し上流の川岸にあり、これを目印に野洲川を渡って今度は右岸を上流に進むことになる。現在はJR三雲駅付近に掛かる横田橋の上を国道一号が通り、常に多くの自動車が往来している。おそらく江戸時代はこの常夜灯のある川岸はたくさんの人で賑わい活気があったはずである。この常夜灯がそれを証明してくれる。

横田常夜灯

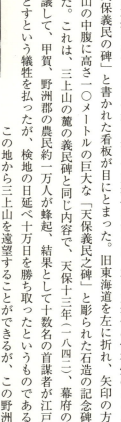

天保義民之碑

水口側となる対岸には、高さ一〇メートルもある大きな常夜灯があるとのことであるが、この日の目的地は草津なので、ここで引き返して三雲へ向かった。再び三雲側の常夜灯のところにもどると、「天保義民の碑」と書かれた看板が目にとまった。旧東海道を左に折れ、矢印の方向に進むと伝芳山の中腹に高さ一〇メートルの巨大な「天保義民之碑」と彫られた石造の記念碑が建立されていた。これは、三上山の麓の義民碑と同じ内容で、天保十三年（一八四二）、幕府の不正な検地に抗議して、甲賀、野洲郡の農民約一万人が蜂起、結果として十数名の首謀者が江戸に送られ命を落とすという犠牲を払ったが、検地の日延べ十万日を勝ち取ったというものである。

天保義民之碑

この地から三上山を遠望することができるが、この野洲川流域の豊かな穀倉地帯に暮らす農民たちが、天保年間から自分たちの正義を信じて義民譚を語り継ぎ、幕府が倒れ明治になってその子孫たちが堂々と義民碑を建立するという信念を身体で感じ、その記念碑の前で震撼した。

旧東海道を石部宿へ向かって再び歩き出した。晴天の中、旧街道の風情を残す街並を気持ちよく歩きながら、所々に古い道標や石碑を目にする。街道が旧三雲郷に入ったあたりの荒川を渡ったところに、「田川ふどう」「立志神社」の石碑と並んで「万里小路藤房卿古跡」と彫られたものがあった。この山手に一・五キロメートルほど行くと臨済宗妙心寺派の妙感寺という寺院があり、南北朝時代に、後醍醐天皇が笠置山脱出にともなって公家の万里小路藤房が草庵を開いたのだと伝わる。妙感寺の裏山には大きな花崗岩に刻まれた「地蔵磨崖仏」があり、以前三上山の北側にある妙光寺山中にある地蔵磨崖仏を見たが、それに並ぶ近江の地蔵石仏であるという。

大沙川の隧道と弘法杉

街道沿いの歴史に触れながら先に進むと、石造りの隧道《トンネル》が見えてきた。旧吉永村と旧夏見村の境を流れる大沙川《おおすながわ》の底を貫く隧道である。隧道の上に大きな杉の木がそびえている。それを見ながらいわゆる天井川の下をくぐり抜けると、左手にこの大きな杉の木の解説が書かれていた。この老木は「弘法杉」と呼ばれ、樹齢七百五十、樹高二六メートル、周囲六メートルの巨木であり、伝説によると弘法大師空海がここを訪れた時、美しい風景を見ながら、昼食をとり、二本のお箸を地面に刺した。その箸が二本の杉になって大きくなったが、一本は江戸時代に洪水で倒壊し、現在は一本が残っている。お箸を左手で扱う子供は、この杉の枝でつくったお箸を使うと右手で扱う習慣がつくといわれ、故に老木の枝は人々に折られ、上方にしか残っていないという。

そんな伝承に感心しながら、弘法大師に倣《なら》って、その巨木の下で昼食をとった。

地域の民間信仰が集まる観音寺

再び街道に戻り、左手に「観音寺」という看板を見つけた。ここに来るまでに、通りすがりの地元の方に、観音寺には一度行っておきなさいと情報をもらっていたので街道を外れ、観音寺を訪ねた。

入口には「龍王山観音寺」、「十一面観世音菩薩」と書かれた人の背丈ほどの古い石柱がある。本尊が十一面観音の古い寺院なのかと想像しながら入山した。雑木林の中に佇む境内。至る所に石仏があった。境内の中央には比較的新しい時代のものと思われる等身大の釈迦如来坐像とその周りを囲むように観音立像が立ち並ぶ石仏群が目を引いた。そして、境内のあらゆるところに小さな石造地蔵菩薩や五輪塔、そして五輪塔の一部などが所狭しと並び、古い行者堂や天神を祀る祠もあった。おそらくさまざまな地域の民間信仰の場であるのだろうと想像できる。そして、本堂の前に、旧甲西町指定の石灯籠があった。高さは約二メートル、すらっと細長く、苔むした姿は非常に趣がある。その燈籠に覆い被さるようにモチの木の古木があり、根元の周囲が約四メートル、東西の枝張りが一六メートル、樹齢が約三百年以上といわれ、これも旧甲西町の指定文化財となっている。樹肌に無数のこぶがあり、苔がはびこる姿は、その巨木の深い歴史を感じさせる。

地域の民間信仰が集まる観音寺

残念なことは、その石灯籠の後ろに池があるなどし、境内全体がおそらく庭園の様相を形成していたと思われるのだが、現状は大変荒れていた。それは、お寺の関係者に尋ねてわかったが、平成二十五年(二〇一三)九月の台風十八号による豪雨で、裏山から土砂が流入し、石灯籠やモチの木、池が埋まってしまったというのである。また、この寺院は、開基が弘仁二年(八一一)という天台宗の古寺で、現在本堂を近くに新築する予定であるとのことであった。復興を祈念して寺院を後にした。

美し松と街道の造り酒屋

街道に出ると、天井川の由良谷川の隧道を潜り、飯道山、飯道神社への道標や古い酒蔵がある旧街道の街並に風情を感じながら、後少しで最終目的地の旧石部宿を目指した。その宿場町の手前に「美し松」の自生地を示す看板があった。

「美し松」とは、この街道から少し外れた美松山《びしょうざん》にのみ自生する特殊な松で、「平松のウツクシマツ自生地」として大正十年（一九二一）、国指定の天然記念物に指定されている。アカマツの一種で、根元から多数の幹がほうき状に分かれているという独特な姿をしている。この地に約二百本あり、ほぼこの地にのみで見られるという珍しい野生種の松であるとのこと。

旧宿場町には必ずと行ってよいほど造り酒屋がある。酒蔵に最も大切なものはというと良質の「水」であろうか。この地は鈴鹿山系から滲み出る伏流水が豊富にあるという。水が湧き出るところに人が集まり、神が宿る。そして自然と町ができるのである。旧石部宿の手前にある酒蔵北島酒造は創業文化二年（一八〇五）、現在の蔵元は十三代目とのこと。名酒「御代栄《みよさかえ》」

酒蔵がある旧街道

を一本購入し、街道を進むと「これより石部宿」という木製の看板があり、いよいよ旧石部宿に入った。少し歩くと、街道から左手に入る細い路地があり、その入口に立派な門松が飾られ、上にはしめ縄が張られていたので、路地を入ってみた。両側の旧家の隙間をぬって石段を上がると、木製の鳥居があり扁額に愛宕神社と書かれていた。そこから数段石段を上がると木製の祠があり、きれいに清掃されていた。この日は平成二十五年の年の瀬であったのでお正月の準備であろう。愛宕神社は京都の愛宕山のつながりを感じるが愛宕権現は火伏せの神である。特に宿場町など家が集まる場所において火事は最も恐ろしい災害である。おそらく新年には多くの地域住民がここを訪れ、一年の無病息災と火伏せの祈願をここで行うのだろうと想像した。

旧石部宿の高札場跡

旧石部宿の高札場跡に着いた。高札場は、幕府や領主が決めた法度や掟《おきて》を木の板札に書き掲げた場所である。また、この付近に問屋場があった。問屋とは人馬・伝馬・荷馬を集めて宿の業務（継たて事務）を行うところで、三人から五名程度の役人が常に詰め、幕府や公家の公的な業務を担当していた。荷物や馬、飛脚、人足など手配しながら、旅人の監視なども行うという大変重要な役割を担っていた。

「京立ち石部泊まり」といわれ、京都から石部まで九里（約三六キロメートル）あり、京都を早朝出発すれば、夕刻にはこの

旧石部宿の高札場跡

石部に着いたといわれている。よって、多くの大名や公家が宿泊するため、石部には二つの本陣が置かれていた。また、吉御子神社や吉姫神社が宿場の東西に鎮坐し、近くには国宝の本堂を持つ常楽寺(西寺)、長寿寺(東寺)がある。古くから人々が集まり、時代ごとにさまざまな文化が通り過ぎた場所である。

この日は、ひっそりとした旧東海道を気持ちよく歩いたが、江戸時代に主要道であった頃は凄まじい賑わいがここにあったのであろうと追体験した。現在は自治体や地元住民がこの街道筋の街並を守ろうとさまざまな運動が展開され、またその歴史文化を活かしたまちづくりも行われていると聞く。江戸時代のような賑わいがいずれまた訪れるのではないかと期待してならない。

(4) 日野・馬見岡綿向神社・綿向山

信仰の道　御代参街道

近江鉄道の日野駅の木造の駅舎は、かなり老朽化が進んでいたが、最近、その風情を残して新しく建て替えられた。その駅から日野の目抜き通りである本町通りを東へ一キロメートルほど歩くと「伊勢両宮　常夜燈」と彫られた常夜灯がある。その足元には古い道標があり。そこには「右　いせみち/左　ひの山王宮/馬見岡神社　二十丁/いせ道へ通りぬけ」と見える。少し先の日野町上野田《こうずけだ》には御代参街道が交差しており、伊勢への近道を指し示していることがわかる。

御代参街道とは、東海道の土山と中山道の小幡を結ぶバイパス的な街道で伊勢神宮と多賀大社の両方に参るための近道でもあった。かつて都の貴族が、皇族の代参として二つの重要な神社を参拝したことからその名があると伝えられている。この街道は「お伊勢参らばお多賀へ参れ、お伊勢お多賀の子でござる」「伊勢へ七たび、熊野へ三たび、お多賀さんへは月まいり」という俗謡を生み出し、寛永十七年（一六四〇）、徳川第三代将軍家光の代参として乳母である春日局（一五七九〜一六四三）が参詣に通ったことで、整備され、存在が全国に知られるようになったという。すなわち信仰の道なのである。その街道の中間点が日野で、かつては日野商人と呼ばれる人たちもこの街道を使って全国へと広がり、五個荘や八幡の商人たちもこの道を通ったに違いない。道標の左隅に、文化四年（一八〇七）に日野の豪商中井氏が建立したと刻まれている。この御代参街道は信仰の道でありながら、商人の道でもあった。

近江日野商人館　日野椀と萬病感應丸

近江日野商人館は、国の登録有形文化財で、日野商人山中兵右衛門の本宅が資料館となっており、建物自体が日野商人の学びにつながっている。

日野商人が販売していたという代表的な商品が二つある。一つは、全国的に知られる「日野椀」である。今から約四百年前の江戸初期、朱塗の漆器である椀が生産されはじめ、

山中兵右衛門の本宅を改修した近江日野商人館

近江日野商人館では日野椀や合薬などが紹介されている

日野商人の手によって全国に広がった。何の変哲もないいわゆる食器としての椀であるが、日野商人が全国に散在する木地師を訪ね、半製品を買い付け、日野の塗師が色をつけて完成させ、売り歩いたという。また、近江日野以外の地域でも、日野椀がつくられるようにもなった。日野椀を扱う京・大坂の問屋専門店は「日野屋」を名乗り、いわゆるブランド商品としての価値もついたという。

もう一つは、合薬《あわせぐすり》の「萬病感應丸《まんびょうかんのうがん》」である。日野椀よりも百年ばかり時代が下るが、大きな人気を誇る商品となった。富山の薬売りが、各家々をまわって販売したのに対し、日野商人は、宿場の宿屋に合薬の取扱店を置き、看板を付けて効率よく販売したという。日野椀の売れ行きが悪くなった不況時に、時流を読み、椀に変わるものとして盛んに生産され、日野商人の商いを助けたといわれている。日野商人の中でも豪商として知られる中井源左衛門（一七一六〜一八〇五）もこの合薬の販売で頭角を現した。

日野商人　日野の千両店

日野商人は、五個荘や八幡商人、高島商人のように京都や大坂、江戸に大店《おおだな》を構えて、大きな商売を展開するのではなく、あえて大都市を避け、北関東に酒や醤油などの小さな醸造店を複数出店し、「日野の千両店《だな》」と呼ばれたところに特徴がある。あくまでも、本店は日野にあり、支店を北関東に出して、地道に商業活動を展開した。そして、その活動を支えるため、他の近江商人には見られない「日野大当番仲間」という互助組合を組織し、中山道や東海道の特定の宿屋を定宿として、日野商人の商業活動に便宜が図られるよう取り次いだという。日野商人の定宿には「日野商人定宿」という大きな看板が掲げられ、その信用によって宿屋の社会的地位があがったといわれている。

日野商人と日野祭

その日野商人が信仰の対象として支え、発展させてきた祭礼が馬見岡綿向神社の例大祭「日野祭」である。日野祭は例年五月三日に開催され、十六基の豪華な曳山が綿向神社に集結することで知られるが、二百年前の江戸中期頃からつくられはじめた曳山の背後に、日野商人の財力があったことはいうまでもない。北関東に支店を出す日野商人が関わる祭りだけに、そのお囃子に特徴がある。お囃子は、京風の雅でゆっくりとしたものではなく、歯切れ良くテンポの速い軽快な調子である。日野の町を遠く離れて関東方面に丁稚奉公に出た少年たちは、五月の日野祭に合わせて暇《ひま》(休暇)をもらって帰省したというが、懐かしい故郷の祭り囃子を口ずさみながら街道を歩く彼らの姿があったという。

例年5月3日に開催される日野祭

第三章

水と祈りの祭り

（一）今堅田に伝わる湖辺の祭礼「野神祭」

琵琶湖の最狭部、大津市今堅田《いまかたた》二丁目に鎮坐する野神神社に「野神祭り」と呼ばれる古式祭礼がある。この祭礼は、南北朝時代の混乱期に、一人の女性が琵琶湖に身を沈めたという一つの悲しい伝説に基づき、今に受け継がれている。

大津市今堅田は、中世堅田庄の宮ノ切、東ノ切、西ノ切とともに堅田四方《しほう》を構成していた四つの「切」のうちの一つである。野神神社には新田義貞（一三〇一〜三八）が寵愛した勾当内侍《こうとうのないし》（生没不詳）の墓とされる石塚があり、祭神とされている。

元弘三年（一三三三）五月、新興御家人である足利尊氏が京都六波羅探題を攻め、新田義貞が鎌倉を陥れ、約百年間地位を築いてきた執権北条氏による鎌倉幕府は滅亡した。天皇親政の復活を目指し、倒幕を狙っていた後醍醐天皇はその時配流地の隠岐を脱出し、関白鷹司冬教、赤松則村、楠木正成らとともに六月、京に入った。そして、後醍醐天皇による親政「建武の新政」が始まった。

しかし、この新政は発足後、所領問題や恩賞問題、

勾当内侍の御廟道を示す道標

公家と武家の確執など早くも内部崩壊の兆しが出る。天皇の皇子である大塔宮護良親王と鎌倉幕府の倒幕に最も貢献した足利尊氏との間に亀裂が生じ、そこに後醍醐天皇の子である懐良親王、恒良親王、尊良親王、新興武士の新田義貞などが戦渦にまみれることとなる。

建武二年（一三三五）、執権北条氏の残党北条時行が尊氏の弟直義が占領する鎌倉を攻めた（中先代の乱）。尊氏はその乱をきっかけに兵を整え、後醍醐天皇の命を待たずに軍を東に向け反旗を翻したのである。天皇は新田義貞や北畠顕家、楠木正成などの武将に尊氏追討を命じた。戦いは二転三転し、尊氏はいったん九州に落ち延びるが、各地の武将を味方につけ再び上京、途中湊川で楠木正成を討ち、京都に入って持明院統の光明天皇を即位させ、後醍醐天皇に抵抗した。ここに「建武の新政」は崩壊し、後醍醐天皇（南朝）と尊氏が擁立した光明天皇（北朝）が対立する南北朝時代に突入した。そして、延元三年（一三三八）、後醍醐天皇を支持する息子の尊良、恒良両親王や武将の新田義貞、北畠顕家ら南朝側の中心人物らが尊氏率いる北朝軍に次々に破れ散ったのである。

今堅田での伝承によると、新田義貞が京都での足利尊氏との戦いに破れ、越前へ落ち延びる時、勾当内侍を家臣とともに今堅田にとどめ、再会を誓った。しかし、義貞は延元三年閏七月二日越前藤島郷において戦死した。その訃報を聞いた勾当内侍は悲しみのあまり今堅田琴ヶ浜に身を投じ非業の死を遂げたという。

その亡骸を手厚く弔ったという村人たちの子孫と伝えられる野神講の講員によって野神神社の祭礼「野神祭り」が行われてきた。

（二）　野神講とその歴史

　野神講の講員に伝わる、平成十八年（二〇〇六）にまとめられた「勾当内侍廟　野神神社之略記」によると、延元元年（一三三八）十月、新田義貞は後醍醐天皇の勅旨を受け、越前に向かう際、この今堅田の地に内侍を留めた。延元三年（一三三八）七月二日、勾当内侍は義貞が越前藤島郷で戦没したと聞かされると、悲哀の極みとなって同年九月九日夜、琴ヶ浜で身を投じて命を断った。村人はその亡骸を今堅田に移して墓をつくって弔った。

野神神社の御旅所「琴ヶ浜」を示す提灯

　内侍の没後百五十年に当たる明応六年（一四九七）九月、墓の上に社を建て、神祇管領長上である卜部兼倶によって野神神社と称されるようになった。以後二十数軒の氏神と崇められ、氏子たちは毎年九月九日夜（旧暦）例祭を行うようになった。

　この地は近世には勾当内侍の菩提所である堅田泉福寺の影響を強く受けるようになる。内侍の葬儀が行われた際、その導師を務めたのが泉福寺の明導で、野辺送りを行ったが、その時に参列した浦人二十数名が後に泉福寺も含めて野神講をつくったとされている。しかし、弘化三年（一八四六）の「野神大明神御神事講衆次第」によると安永四年（一七七五）に、泉福寺は野神講を退講し、絶えず行ってきた九月の法要は実施されなくなったと伝えられている。

ただ、五十年に一度の遠忌は泉福寺で行われてきた。江戸時代後期にあたる天保七年（一八三六）になると泉福寺で内侍没後五百年祭が執り行われ、明治十六年（一八八三）には五百五十年祭という例大祭が行われた。昭和十三年（一九三八）には六百年祭が行われ、野神神社神域造営期成奉賛会を結成。募金活動（事業費千六百円）が行われ境内参道の拡張、石鳥居、社務所が建築された。平成十二年（二〇〇〇）には、六五十年式年祭を執行。記念事業として寄付を募り（寄付件数百六十七件）、社務所の改築、境内の植樹と整備、公道拡幅に際して勾当内侍廟道碑を社頭に移した。

講の運営については、昭和二十年（一九四五）、同じく今堅田の伊豆神田神社に合併し、野神神社は伊豆神田神社の境外社となったことで、平成十八年（二〇〇六）から伊豆神田神社の氏子が講の祭礼を引き継ぐことになり、この年四月から野神神社の「内侍祭」並びに諸事管理については伊豆神田神社氏子総代が当たることとなった。これによって六百年続いてきたと伝えられる野神講中は解散となった。

野神講の講員数については、元和元年（一六一五）の『野神講文書』「今堅田村御神事衆覚」に、「惣合廿九人也」と記され、二十九名全講員の名前が記されている。野神講は閉鎖性の強い株座であるといえ、その後徐々に講員数が減っていく。先述の「勾当内侍廟　野神神社之略記」の記録によると、

寛文元年（一六六一）「御神事衆　惣合廿七人也」
元禄十二年（一六九九）「御神事講衆　人数頭合廿六人也」
宝暦九年（一七五九）「野神大明神　御神事衆　人数合廿四人也」
弘化三年（一八四六）「野神大明神　御神事講衆　人数二十人」
明治十六年（一八八三）「野神講中　人数十二人」
昭和十年（一九三五）「野神講中　人数十二人」
平成二年（一九九〇）「野神講中　人数十一人」

と記されている。今堅田村の中での講員の比率は、元禄三年（一六九〇）の「今堅田村検地絵図」の総戸数が百七とされており、元禄十二年の講員が二十六名であるので、四分の一弱が講員であったということがわかる。最も多い時には二十九名を数えた講員は十一人まで減り、平成十八年（二〇〇六）に講中は解散となった。そして先述のとおり、伊豆神田神社の氏子が古式例祭を引き継いでいる。

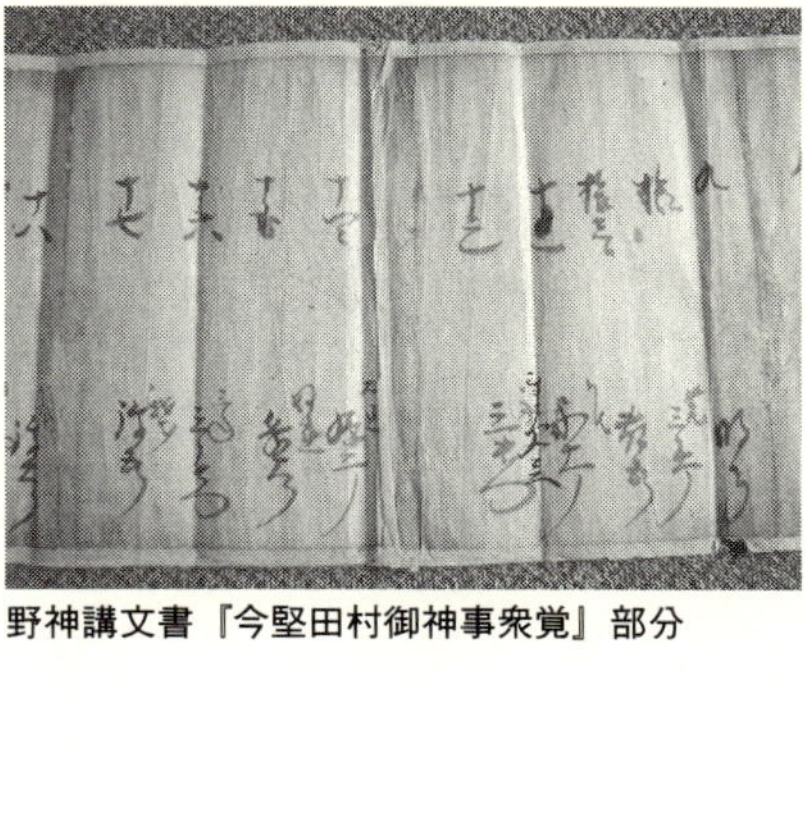
野神講文書『今堅田村御神事衆覚』部分

（三）伊豆神田神社の祭礼として行われる現在の野神祭り

既述のとおり平成十八年（二〇〇六）から「野神祭り」は野神講の講員による祭礼から伊豆神田神社の祭礼として執行されるようになった。この理由としては、野神講の講員のみでは講員数の減少や高齢化で祭礼の運営が難しくなってきたという事と、新田義貞の妻勾当内侍の伝承や「当渡し」や「松明行列」に見られる珍しい習俗等を少数の限られた講員のみで行うのではなく、もう少し広い範囲で共有したいとの講員の意向があったとのことである。

既に、野神神社は昭和二十年（一九四五）に伊豆神田神社と合併して飛び地境外社となっていた事実もあり、伊豆神田神社の氏子が野神神社の祭礼を継承することとなった。

伊豆神田神社の由緒によると、当神社は貞観二年（八六〇）に伊岐宿禰是雄が堅田浦の関屋浜に神田神社を勧請し、昌泰三年（九〇〇）に伊豆神社を合祀したと伝えられている。伊豆神田神社の氏子は現在今堅田一丁目（旧出来島）南町・嶋町・仲町・西町・西野々町を中心として百二十九名となっている。一年を通じての祭礼は一月一日「元旦祭」、一月十五日「還暦報告祭」、二月十七日「祈年祭」、四月二十日「例祭」、五月中旬「五穀豊穣祭」、十一月二十三日「秋大祭」があり、加えて十月の第三日曜日「野神神社例大祭（野神祭り）」が行われ、伊豆神田神社の祭礼に比べ最も規模が大きな祭礼となっている。運営委員（氏子役員）は十八名で任期は三年と定められている。そして神職一名が祭りを支える。

「野神神社例大祭（野神祭り）」は、野神講中で行われていた神事の全貌が詳細に引き継がれているわけではないが、できるだけ今に伝わっている習俗を残しながら継承されている。

以下は、平成二十三年（二〇一一）に執行された「野神神社例大祭（野神祭り）」の記録である。

●内侍塚の泥塗り

九月二十五日（日）午前九時に伊豆神田神社社務所に宮総代全員が集合。伊豆神田神社の掃除を済ました後、勾当内侍の塚に塗るための泥を採取するため、宮総代代表と次期宮総代代表が野神神社の御旅所である「琴ヶ浜」に向かう。他の宮総代は野神神社の清掃へ向かう。琵琶湖の最狭部である今堅田琴ヶ浜で琵琶湖大橋を背後に泥を採取した後、野神神社に向かう。神社到着後、社殿の奥にある内侍塚へ。宮総代代表が九つある人頭大の石を丁寧に塚から下げ、採取した泥を塗る。

●当屋の準備

十月十五日（土）午前九時野神神社社務所に宮総代全員と相談役が集合。まず野神神社の境内、社務所、今堅田公民館、伊豆神田神社の境内の清掃を行う。その後、明日に控える例大祭の準備が行われた。

野神神社社殿の奥にある勾当内侍の塚
九つの石が並ぶ

今堅田琴ヶ浜で泥を採取する宮総代代表

宮総代代表が丁寧に石を塚から降ろす

泥をバケツに入れる宮総代代表とバケツを持つ次期代表

泥塗りを終えた内侍塚

野神神社前にて泥を運ぶ宮総代

●野神神社参拝

十月十六日（日）午前八時、運営委員全員が野神神社社務所に集合。宮総代は裃に着替え、評議委員と相談役はスーツの上に白の陣羽織を着用する。簡単な準備をし、一般参拝者の受付をする。一般参拝者には蛇豆煮と神酒一杯、つまみを渡す。午前十時に式典が開始される。

その後、神事とは別に堅田湖族太鼓（五名による）の奉納太鼓が演奏された。

野神神社の社務所入口の紋入り幕

野神神社社殿

三方に盛られた式典用の神饌

提灯やしめ縄が飾られている大例祭当日の野神神社

献饌の後、祝詞を奏上する宮司

式典前の記念撮影

玉串拝礼

宮司による修祓（しゅばつ）

堅田湖族太鼓の奉納太鼓

社務所から手渡しで献饌の準備をする
宮総代一同

● お渡り

十一時二十七分（予定では午前十一時）、「お渡り」の行列が野神神社を出発した。先頭は勾当内侍の遺品を納めた小唐櫃を捧げ、不浄な息がこの小唐櫃に当たらないよう口に榊の葉を加えた宮総代代表である。

行列は野神神社を出て、十一時三十分、今堅田公民館の前を通り、伊豆神田神社の東側を通過、今堅田一丁目を中心に町内を巡回する。巡回の最後に近い御旅所「琴ヶ浜」に立ち寄ったのが十一時四十四分、最終目的地の今堅田公民館には十一時四十八分に到着した。

行列が到着すると、あらかじめ公民館に待機していた次期宮総代代表が、宮総代代表から小唐櫃を受け取る行事が行われる。当然次期宮総代代表も榊を口にくわえている。小唐櫃は勾当内侍の遺品が納められているというが、この祭礼において最も神聖な物であることは間違いない。

次期宮総代代表が小唐櫃を公民館二階の床の間に安置、神酒・洗米・水が供えられ、「野神大神」の掛軸と「竹の弊」を掲げられると、公民館の前では「バンバラバン」と呼ばれる行事が行われる。

この行事は、野神祭りがかつて「きちがい祭り」と呼ばれた所以となる奇行である。行列の後半を歩いていた膳持ちが、公民館で待機していた膳受け人に、神饌が盛られた膳とともに投げつけるというものである。ケンサキスルメや蛇豆が順番に膳ごと投げつけられた。

野神神社の御旅所「琴ヶ浜」を示す提灯

ビニール袋に小分けされた蛯豆

小唐櫃を先頭に「お渡し」行列出発

伊豆神田神社の前を通過する行列

神饌が入った大唐櫃

今堅田の路地を巡回する行列

お膳持ち

この後、運営委員全員が公民館の二階に上がり、小唐櫃が安置してある床の間に全員が参拝し、着座。宮総代代表が口上を述べ、お膳請け人（「バンバラバン」で膳を受けた今堅田自治会評議員二名）が神酒を座人に酌をする。その後、次期宮総代代表が代表になる決意表明をして神事が終了した。

その後、裃から平服に着替えて直会が行われ、和やかに会食が行われた。

お膳持ちが膳とともに神饌を投げつける

膳と神饌を高く放り投げる膳持ち

投げつけられた蛯豆を拾う一般参拝者

今堅田公民館前で宮総代代表が次期代表に小唐櫃を手渡す

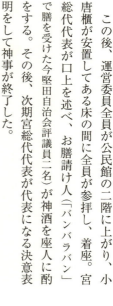

神酒を受ける参列者

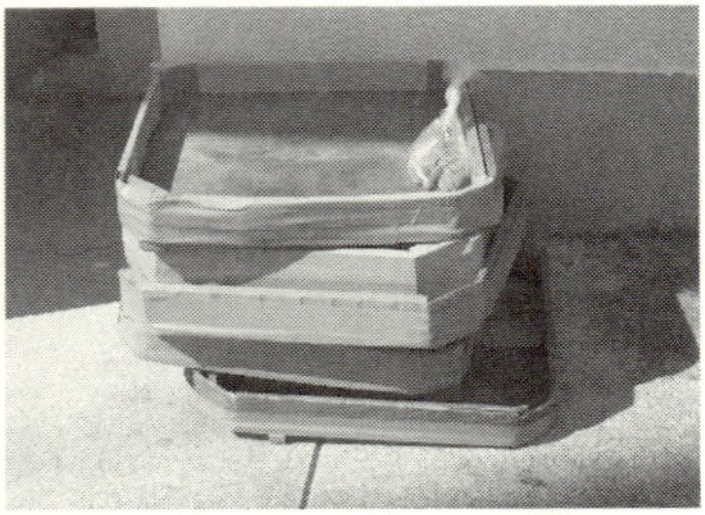

何度も投げつけられ補修された膳

床の間に安置された小唐櫃・洗米・神酒・榊・塩・水・灯明

公民館の二階で「野神大神」の掛軸と小唐櫃に参拝する参列者

口上を述べる宮総代代表。奥中央が次期代表

●松明行列

午後六時に運営委員全員が野神神社社務所に集合し、夕食をとる。その後、松明の準備が整うと、午後八時三十分（予定では八時）、松明行列が神社を出発する。行列の先頭は「竹の御幣」を持った宮総代代表。彼のみが裃を着用している。続いて宮司、琴ヶ浜にて水を汲む手桶を持った今堅田自治会長、その後は松明を持った運営委員が続く。松明の順は宮総代七名、今堅田自治会副会長二名、今堅田自治会評議委員六名と続く。松明行列の総勢は宮総代代表らも入れて十八名である。

和やかに行われた直会

行列の順路は「お渡り」と全く同じで、途中野神神社の御旅所である「琴ヶ浜」に立ち寄る。行列は出発して間もなく「城門が火事や」と何度も大声で全員が繰り返し叫ぶ。これは既述の「お渡り」の「バンバラバン」とともに野神神社が奇祭といわれる所以となっている。

行列が八時五十三分、「琴ヶ浜」に到着すると、「水汲み」が宮総代代表と担当の今堅田自治会長によって行われ、終了後、野神神社の内侍塚を目指す。

野神神社に九時三分、行列が野神神社に到着す

公民館二階の床の間。中央に「野神大神」の掛軸

ると、すぐに宮総代代表が「竹の御幣」神社の敷地内にある定められた一角に突き刺す。その後、内侍塚に行き、宮総代代表が泥塗りの後、そのままにしてある九つの石を元の状態に積み直し、手桶に汲んできた「琴ヶ浜」の水で清める。

同時に、塚の前に榊と柿、栗、枝豆、餅、白蒸しといった神饌を捧げ、最後に宮司が松明の明かりに囲まれ、神聖な雰囲気の中で、新田義貞の妻勾当内侍の悲話とこの地の先祖が内侍の亡骸を手厚く葬ったという故事を語り、祝詞を奏上して九時十五分、祭りは終了した。

松明行列は地元の一般参拝者も参加し、終了後、神饌が配られた。

夕食をとりながら松明行列を社務所で待つ祭りの運営委員

竹の御幣を先頭に野神神社を出発する松明行列

「城門が火事や」と叫びながら今堅田の町を歩く松明行列

御旅所である琴が浜で清めの水を汲む

（三）　伊豆神田神社の祭礼として行われる現在の野神祭り

宮総代代表が丁寧に内侍塚の石を戻す

御旅所で清めの水を汲み野神神社に向かう

琵琶湖の水で清められた内侍塚の石

行列が野神神社に帰る

松明に囲まれ祝詞を奏上する宮司

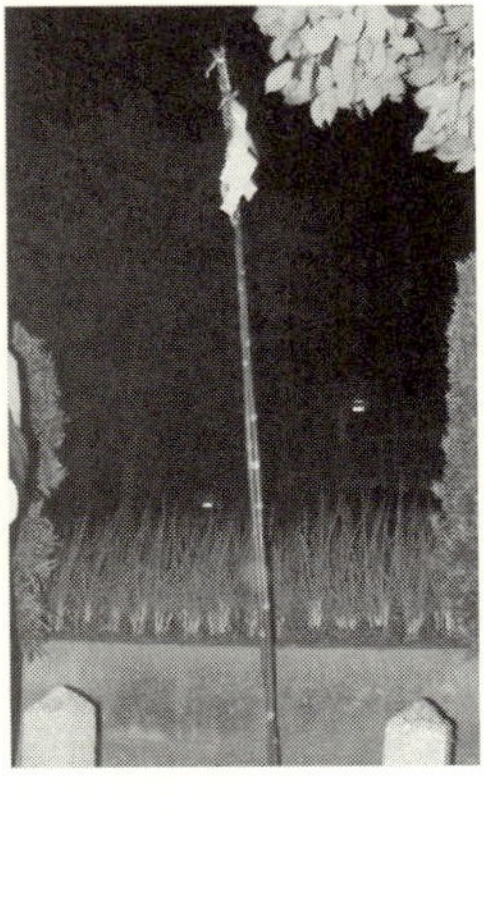

宮総代代表によって神社の敷地
内に刺された「竹の御幣」

●灰葬まいり

十月十七日(月)、宮総代全員が野神神社社務所に集合。献饌等の参拝を行い、その後、志納金の整理や礼状の配布、柿、栗、枝豆、餅等の献饌物の配布、後片付けをして終了し、一同会して飲食店で昼食をとり解散となる。

(四) 水辺に伝わる鎮魂祭

滋賀県は宮座の宝庫とされ、それぞれ研究者の視点によって調査が続けられてきたが、どれ一つとっても同じものはなく、多種多様である。特に、集落自体が近代化しているところは形式のみが残り、神事組合、いわゆる宮座的な組織が消滅しているという事例は少なくない。宮座的な神事組合組織の消滅にはさまざまな要因があり、これもまた一括りに見ることはできない。ただ、宮座の祭礼を残している地域は、兼業農家が多く、純粋な「田の神」や「水の神」に対する信仰とともに祭礼が今に伝えられていると言える。

今回取り上げた今堅田野神神社の祭礼も例外ではなく、伊豆神田神社の氏子の半数以上が兼業農家であり、勾当内侍という歴史上の人物の鎮魂という性格を持ちながら、五穀豊穣を祈念している。この点についてはもう少し「田の神」いわゆる農耕神の考察も必要である。「田の神」は「山の神」と同じく祖霊神と結ばれることが多い。そう考えると半狂乱の中、湖中に沈んでいった勾当内侍の霊を村人がここに鎮めることで豊穣を願うという「田の神」信仰が野神神社で行われることに何ら不思議はない。今後はこの点にも注意していきたいと考えている。

そして、最も注目したいのは、琵琶湖との関わりである。琵琶湖の最狭部である堅田の地は、京の都と、東国や北陸を結ぶ拠点であり、さまざまな人々と物資が行き来し、全国の情報が集まってくる。新田義貞や足利尊氏などの歴史上重要な人物が、ここを通過したことは間違いなく、義貞が寵愛した勾当内侍を留め置いた伝承も信憑性をもって語られたであろう。勾当内侍が越前藤島郷で戦死したという訃報を、この場で一早く知り、失意のあまり義貞の亡骸がある北へ向かって琴ヶ浜から冷たい湖に入っていく場面は、戦乱に巻き込まれた悲しい運命を背負う女性の最後にふさわしいといえるのかもしれない。

また、明治二十九年（一八九六）の大水害の記憶もこの祭礼の中で語られる。松明行列の先頭を行く竹の御幣は、最後に境内の特定の場所に突き刺されるが、その御幣の高さは、明治二十九年の大水害によって、徐々に琵琶湖の水位があがり、その最高水位を示すのだという。すなわち竹の御幣は五穀豊穣とともに、大水害が二度と起こらないようにという祈りが込められているのである。

堅田小学校の敷地内にある明治29年の大洪水の標識。標識上の線が当時の水位という

九月、祭礼の始めにいったん開かれていた勾当内侍の墓所に並ぶ九つの石が、静かに元の位置に並べられ、琴ヶ浜で汲まれた聖水で清められ野神祭りは幕を閉じる。田畑を潤す水、人やもの情報を運ぶ水、

そして人の命を含めすべてのものを破壊してしまう水、水辺に暮らす人々は、多様な性格を持つ水を身近に感じながら水辺に伝わる祭礼を大切に受け継いできたのである。

※野神講中が行っていた野神祭りとの比較など、野神神社における宮座組織の考察については、「成安造形大学附属近江学研究所紀要」第一号所収「宮座の祭礼　～今堅田に伝わる祭礼『野神祭り』に見られる現状～」で詳しく論じているので参照いただきたい。

第四章

水の修行と祭り

（一）相応和尚と回峰行

相応和尚《そうおうかしょう》（八三一～九一八）は、法華経の「常不軽菩薩品《じょうふきょうぼさつほん》」に基づき、毎日花を根本中堂に捧げるという行為を繰り返し、そこから長期間、山中を闊歩することで「山」の力を得るという修法を確立、比叡山で最も過酷な修行といわれる荒行「千日回峰行」の礎を築いた。

葛川明王院に隣接する地主神社に佇む「志古淵明神」（向かって右端の祠）

相応は、都の公卿である藤原良相《よしみ》（八一三～八六七）から、名を一字授かり、相応とし、良相は彼を生涯の師とした。彼は、円仁《えんにん》の弟子として延暦寺東塔《とうどう》の無動寺を開創し、十二年籠山行を行いながら、良相の娘の悪霊を祓うなどの功績を積み、比叡山内において地位を確立した。

そして、貞観元年（八五九）、無動寺から出て、比良山中に入り修行の霊地を求めていた時、葛川坊村《かつらがわぼうむら》の三の滝で七日間の断食行を行い、不動明王の霊験を得て葛川明王院を開いた。相応がこの地に入ったきっかけは、地主神であるシコブチ神（志古淵神）に案内されたと伝わり、その眷属である常喜、常満という二名が導いたという。現在も、その二名の眷属の子孫とされる方々が明王院の門前に住し、葛野《くずの》姓を名乗って常喜、常満を受け継いでいる。

現在、明王院では、七月十六日から二十日にかけて、夏安居《げあんご》という修行が行われる。参加するのは、百日間の回峰行を終えた行者と千日回峰行を行っている行者等であり、十六日の早朝、坂本の生源寺を出発、その日の夕刻には坊村の葛川明王院に到着し、五日間の行が始まるのである。

(二)　葛川明王院太鼓まわし

十八日の夜には、「葛川祭り」と呼ばれる祭礼が行われる。日が落ちる頃、葛川地域の各集落から人々が集まり、それぞれ集落の象徴である高張提灯が明王院横の地主神社に献灯される。この地域独特の伊勢音頭が謡われながらゆっくりと進む提灯行列は、幽玄な雰囲気を醸し出す。その後、葛川明王院本堂で「太鼓まわし」と呼ばれる地域の村人が比叡山の修行僧を迎え入れ、行者の修行と村人の祭礼が一体となるという大変珍しい祭礼が行われるのである。

午後八時頃、突然若い村人たちが明王院本堂になだれ込み、真っ暗なお堂に大きな太鼓が転がされる。灯りは、数名が手に持つ提灯のみ。先導する常喜、常満の二人が行者たちを案内し、村人たちは太鼓をゴロゴロまわす。その周りを取り囲む村人た

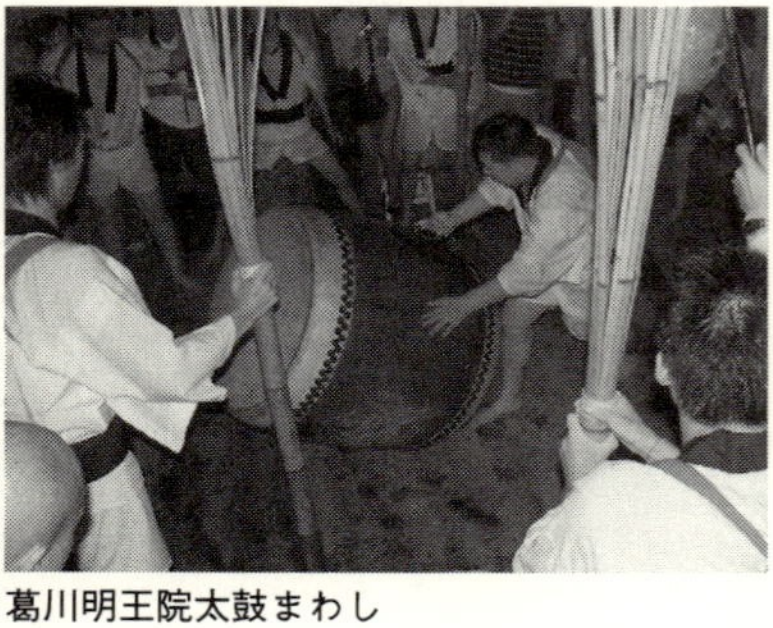
葛川明王院太鼓まわし

ちは、ササラと呼ばれる先端部が細かく割れた竹の棒の根元を、床に擦り合わせザラザラと音を鳴らす。これは、三の滝の滝壺の音を表しているという。太鼓が大きくまわされ、斜めに静止すると、先導者の二人から「大聖不動明王、これに乗ってとばっしゃろう」とかけ声があり、行者が一名ずつ太鼓に乗り、合掌して真言を唱え上から飛び降りる。これが何度も繰り返され、全行者が飛び終えるのに半時間ほど要したであろうか。

この所作は、相応が三の滝で不動明王を感得し滝壺に飛び込んだという伝承を表しているというが、不動明王が太鼓に乗って飛べという先導者のかけ声からすると、行者が滝壺に飛び込んで不動明王になるのではなく、不動明王となった行者が滝壺に飛び込むということになるのであろうか。翌日には実際に三の滝で密かに行が執り行われ、その内容は一切公開されず、参加したものだけが知るという。

この夏安居という葛川での行事は、百日の回峰行を終えた一つの区切りとして行われ、そのまま千日の行や山籠行を続ける行者と、一山の住職となって山を下りるもの等に別れていく。この行事は、そこでの修行を通じて山中での修行の意義を全身で感得するという、極めて重要な役割を果たしているのではないだろうか。行者たちは、長時間、山中に入り、ひたすら歩き、祈りを捧げることで、山の霊威を授かり、実際に山と身体が一体となる、すなわち自らが仏となるということを、夏安居という行事によって少しずつ体感していくのであろう。

（三）水の荒業
―伊崎寺の棹飛び―

近江八幡市白王町の伊崎寺《いさきじ》は、千日回峰行の中で九日間の堂入りが行われる比叡山の無動寺と、夏安居が行われる葛川明王院と並んで、天台宗の三大修行道場といわれている。

毎年八月一日には「棹《さお》飛び」という宗教行事が行われる。「棹飛び」とは、琵琶湖に突き出た岬から、十数メートルの棹が伸び、その先端から、百日回峰行を終えた行者が琵琶湖に向かって飛び込むというものである。

現住職である上原行照大阿闍梨が修行の完全執行を祈った後、参加する行者が祈りを込めて琵琶湖に合掌しながら飛び込んでいく。これは、自らが他者救済のために身を捧げるという「捨身」の行であり、また、陸へ上がるということから「再生」を意味するともいわれている。

今回の取材で、初めて琵琶湖の湖上からこの修行を見

近江八幡市白王町の伊崎寺の棹飛び

学したが、真っ白な装束をまとった行者が合掌しながら琵琶湖に飛び込み、湖面から立ち上がるしぶきを見た時、それは単なる荒行の一つではなく、大自然と人間が一体となる瞬間なのだと深く感じ入った。

近代以降、都市化した地域では、住みやすく便利になった一方で、早くから人々のコミュニケーションの希薄さが問題視され、同時に、モノを大量に生産し消費するという現代経済社会の問題点なども浮き彫りになってきている。それらをどのように解決すべきかを考える時、山や川、海などの大自然が持つ偉大な力を今一度再考することが必要ではなかろうか。「草木国土《そうもくこくど》悉皆《しっかい》成仏《じょうぶつ》」という思想は、人と人のつながりを超えて、動植物や無機質な山や川まで一体化するという、すべてのものが平等に存在し、互いが関係し合っているという、地球全体の究極の真理を示している。

厳しい修行は、最終的にこの真理に近づくために行われているのではなかろうか。自己のため、利他のため、目的はあろうとも最後は、人と人、物質と自然と宇宙が等しく一つであり、個であるということを悟ることなのであろう。

そのために山中を駆け巡るという修行があるが、水と関わりをもつことが重要視される。滝に打たれる。水に浸る。水を捧げる。水を汲み、そして流す。飛び込む。人が大自然と一体となることを、最も具体的に体感することができるのが水の修行であるといえよう。

第五章

近江の風土を未来へ

湖西、湖北、湖東、湖南、そして山々を歩いた。目的地を決定する時は、概ね、はじめに地図を見ながら、ＪＲの駅を起点として、午後からの半日で歩くことができる行程を探す。当然史跡には印を入れるが、その他は現地で取材することにした。このやり方ですべて歩いたが、話題探しに困ったことは一度もなかった。ないどころか、ガイドブックには見当たらない歴史的な事実や、興味深い伝承、今までに取材した事象との新しいつながりなど、発見が多く、興味が尽きなかった。

どの場所に行っても、深い歴史があり、そこに歴史上著名な人物の偉業が伝わり、地域の人々の誇りとなっている。また、歴史だけでなく、民間信仰の現場に出くわすことも多々あった。ある伝承がそのまま信仰の対象となり、今もなお多くの人々が世話をしているという祠の存在に心が動かされた。

以下に筆者が歩いて近江を感じたことをまとめてみた。

（一）　地縁、血縁によるコミュニティの存在

近世（江戸期）の村社会はすべてがその村という小さな世界で完結するコミュニティが形成され、講などの互助組織も存在して、共同での生活が見られた。一方で現代社会においては、水道、ガス、電気、下水、ゴミ処理など個々の生活に必要なサービスは行き届き、近世的な地縁、血縁に

よるコミュニティの必要性が消滅し、町内会（自治会）などの構成員のつながりが希薄化している。ライフラインが寸断されるような災害時にはその弱さが露呈し、現代社会の問題点として指摘されている。

近江にはこのような地域のコミュニティを維持し、宮座の祭礼や古くからの慣習を守り伝える集落が多く残っている。おおよそ、春、秋の休日、旧街道を歩くと、必ずといえるほど祭礼に出くわす。

実際に荒神山中腹の稲村神社の「太鼓登山」や湖北菅浦の春祭りに遭遇した。その他、真野法界寺の「六斎念仏」、馬見岡綿向神社の「日野祭り」、油日神社の「奴振り」、繖峰三神社の「伊庭の坂下し祭り」、高島大溝の「大溝祭り」など現地で存在を知った祭礼は数えきれない。

毎年行われる祭礼は、その地域のハレの日（非日常の特別な日）であり、年に一度、祭礼を支える氏子集団が一堂に集結して神のもとにつながるのである。当然であるが、氏子たちのケの日（日常）の職種や年齢、家族構成などはさまざまで、祭礼にはつきものである終了後の直会《なおらい》では、多様な情報交換が産まれるのである。そのハレの日には、我が集落の歴史的な話や、伝承、技術の継承など大切な事柄とともに、仕事や家族のことなどプライベートな話までが交わされる。

祭礼の継承には、多額の資金を要することや、後継者不足、運営に関する多大な労働力など祭礼によってさまざまな問題を抱えていることも事実である。近年では祭礼行事の省略化や、数年おきの開催なども進んでいると聞く。

地域の伝統を受け継ぐという意義も大切であるが、祭礼に見られる地縁、血縁のコミュニティは現代社会の諸問題を解決する一つの切掛けであるのかもしれない。大切なコミュニティが無数に存在する近江の風土に学ぶところは多い。

（二）深く根づいた民間信仰と伝承

また、近江国は、木造仏や道端の石仏、古木、巨岩、湧水などを信仰の対象とするいわゆる民間信仰の宝庫であるといえる。第二章で訪ね歩いた行程の中で、民間信仰に触れないことは一度もなかった。湖北の木之本黒田の観音堂では、地域の人たちが順番にお堂の世話役を務める。湖北観音巡りの流行もあって、他県からの拝観者が近年増えてきたというが、お堂を訪ねて来られれば、お当番の方は必ず対応してお厨子を開けねばならない。「一日に数回、このようにお堂を開けるということは大変ですね」と聞くと、その方は、「それは大変ですけれど、観音様のお世話が間近でできることは本当に幸せなことだと思っています」と返事が返ってきた。暮らしの中に息づいている深い信仰心に感動した。蒲生野の岩戸山十三仏を訪ねた時には、毎月同じ日に、京都からやってくるという信者の方とも交流できた。比叡山横川の元三大師堂には「おみくじ信仰」なるものがあり、「角大師」「豆大師」などのお大師信仰とともに、純粋な民間信仰として多くの信徒が元三大師に寄り添っておられる。木之本地蔵で知られる浄信寺には、「身代わり蛙」や暗闇の戒壇巡りなど、民間信仰の極みともいえるさまざまな祈りがそこにあった。高島の鵜川四十八体仏や、太郎坊宮の磐座、繖山北向十一面観音、志賀越えの志賀の大仏《おおぼとけ》などは、宗派の仏教のように教義や教え導くための導師が存在しない信仰なのである。

これらの民間信仰に必ず付随しているものが伝承である。民間信仰は基本的に自然発生的であるが、概ねその根元には伝承が存在している。近江国は、交通の要衝であるため、あらゆる時代に活躍した歴史上の人物にまつわる伝承がそれぞれの場所に残っている。飛鳥時代には聖徳太子、行基、平安時代は小野小町や小野篁、藤原秀郷、紫式部、源義経、武蔵坊弁慶、中世は足利尊氏や新田義貞、蓮如上人、一休禅師、六角氏、京極氏、戦国時代には、信長、秀吉、家康、江戸時代には芭蕉、円空など伝承に登場する人物をあげると限りがない。これらの人物は歴史上重要な事績を残したため、彼らにまつわるという伝承には、それなりの説得力がある。そして、消えること無く後世に残っていくのである。これらの伝承には、信仰の対象として人の心を救うことがありながら、その伝承をもとに多くの人々がつながるという、一つのコミュニティの核となっている場合もある。

いずれにしても、民間信仰と伝承は、近江国において非常に広く、深く根づいており、近江の風土の一角を担っている。

また、浄土真宗中興の祖である蓮如上人の伝承や旧跡は、各所に点在し、阿弥陀仏にすがり、熱心で謙虚な信仰の姿は、近江商人に受け継がれ、「世間よし」の考え方の基になったともいわれている。この考え方も近江の風土を形づくる大きな要素となっている。

純粋に何かを信仰するということは、人のつながりが希薄となった現代社会においては孤独を解消し、発達した科学技術においても説明がつかない出来事に対応する手段であるのかもしれない。人々が暮らすうえにおいて、信仰が無くなることはないのである。

現代社会において、もう一度このような信仰や伝承に対する考え方を再考すべきであろう。

（三）　悉皆成仏の思想

悉皆成仏とは

比叡山延暦寺の法華経の根本思想に「草木国土《そうもくこくど》悉皆成仏《しっかいじょうぶつ》」というものがある。

インドを出発して中国に渡り、そして日本に入ってきた仏教であるが、その思想の究極は、悟りを開く、すなわち仏に成るということである。仏に成ることができる、すなわち成仏できるのは、何者なのか。日本に仏教が入ってからも、その議論は長く続けられてきた。

もともと仏性を持つ限られた一部の者が、厳しい修行を積むことで仏に成ることができるというところから出発するが、そうではなく、仏性はすべての者に宿っており、厳しい修行がなくとも、成仏することができるという考えが現れ、またそれが男性だけでなく女性も成仏できる、人間だけでなく動物も成仏するし、植物も、そして山や川、大地までが成仏するという究極の思想までが登場するようになった。そこに至るまでには、長い年月を費やし、最澄と徳一の三一権実論争、良源と法蔵の応和の宗論などを経て、良源の弟子の恵心僧都源信が『一乗要決』を執筆、すべてのものに仏性があり、成仏できるとまとめた。そして、法然や親鸞、道元、栄西、日蓮など鎌倉新仏教の始祖である高僧たちもその難題に挑み、念仏やお題目、坐禅などを産み出し、新たな宗派を導き出した。

　比叡山延暦寺を中心として、天台宗の古寺が多く存在する近江の風土に、この悉皆成仏の思想は溶け込んでいると感じる。それは、先に述べた、近江の祭礼や信仰、伝承を眺めていると、自然と動物と人間が一体となるような包容力を秘めているように思うからである。

日本文化への影響

　この思想は日本独特の感覚の中で育まれ、例えば、日本の文学においては、『日本霊異記』、『今昔物語集』、『源氏物語』、『梁塵秘抄』、近代の宮沢賢治の作品、そして数多くの和歌や短歌にもその影響が見られる。また、能においても『芭蕉』、『西行桜』、『鵺《ぬえ》』などの演目に時代を超えて草木国土悉皆成仏が溶け込み、日本の芸能、芸術、文化全般に大きな影響を与えてきたことは事実である。

　そして、現代に至っては、多くの哲学者が東日本大震災の後、二十一世紀を救う哲学として「草木国土悉皆成仏」という考え方を見直すべきであると強く訴えている。

　西洋哲学は合理主義的哲学のもと人間中心に社会システムが構築され、自然をも征服しようとした。自然破壊にともなう公害問題などの反省点は多少修正しながらも基本的にモノを大量に生産し、消費していくという社会の流れは十九世紀以降変化すること無く続いてきた。しかし、東日本大震災により、その産業社会を支える原子力発電所が制御不能となり、人類は一つの危機を体験した。今こそ、千年以上前から日本文化の基幹をなす考え方である森羅万象すべてのものに仏性が宿り、平等に仏になることができるという思想に帰するべきである。

悉皆成仏の実践

古く涅槃経に登場し、法華経やその他多くの経典の一部に登場する悉皆成仏の思想は、大乗仏教の最も特徴的な考え方の一つで、仏教学的な解釈を突き詰めると、すべてのものが一つであるという絶対的一元論である天台本覚思想に帰結する。しかし、この考え方は、究極の仏教哲理であり、苦悩する現世の人々を救うためのものではない。それが可能な実践的な思想として、法然、親鸞の浄土思想や道元、栄西の禅の思想、そして日蓮の思想が鎌倉時代に登場した。現代に至って、もう一度、悉皆成仏の思想を足がかりに、未来の思想をつくりあげる時なのである。

先述した千日回峰行の祖、相応和尚は山の中で法華経の「常不軽菩薩品第二十」を取りあげて修行を始めた。この経典には「常不軽菩薩は、自分の前に現れる人物一人ひとりの中に仏の存在を感じ、手厚く祈りを捧げることを繰り返した。祈られる人々は、菩薩を気味悪がり、石を投げたり、棒で打ったりしたが、菩薩は祈り続けることを止めなかった。菩薩は力つきるまでその行を続けたところ臨終を迎える前に威音王如来から二十千万億年の寿命を授かった。この菩薩が釈迦の前世である」という内容が説かれている。

相応は、この常不軽菩薩の行いを山中で実践した。彼は、山から下りることができないので、常不軽菩薩のように人に祈ることが難しい。そこで、根本中堂に毎日参拝して花を捧げることから始めた。やがてこの行動が、仏が宿る石や草木、野仏などすべてのものに祈りを込めて巡礼するという行に発展し、やがて七年間で地球を約一周するという千日回峰行となった。

回峰行者は、自分が石や草木などの自然物に仏を感じて祈ることを繰り返しながら、客観的に山の中に溶け込んでいる自分を認識した、すなわち、仏を祈る自分もまた自然の一部であり仏であるということを自覚したのではなかろうか。

悉皆成仏の思想を未来へ

近代以降、都市化した地域では、住みやすく便利になった一方で、早くから人々のコミュニケーションの希薄さが問題視され、同時に、モノを大量に生産し消費するという現代経済社会の問題点なども浮き彫りになってきている。それらをどのように解決すべきかを考える時、近江の風土を今一度見つめ直すことが必要ではなかろうか。

地域の鎮守の神々とともに祭礼に参加し、五穀豊穣を願いながら水の恵みや自然に感謝する。そして、その地縁で結ばれた人々と語り合い、助け合う仕組み。急速な近代化にともなって忘れ去られた素朴な暮らしをもう一度省みなければならない時が来ている。

悉皆成仏という思想が根底を流れ、地縁、血縁によるコミュニティや民間信仰、伝承に溢れる近江の風土は、人のつながりを越えて、動植物や無機質な山や川まで一体化、そして循環するという、大きなコミュニティの必要性を提案し、科学技術では解決できない未知の世界において、人間の持つ能力を最大限に発揮できる環境づくりを示唆している。

祈りの湖国をゆっくり歩き、未来の社会に必要なものが少し見えてきた。

あとがき

私が今、このように近江学を語ることができるのは、木村至宏先生（成安造形大学名誉教授）との出会いが大きなきっかけとなりました。二十年ほど前に『琵琶湖　その呼称の由来』（サンライズ出版、二〇〇〇年）という本を出版される際に、手書き原稿をワープロ打ちさせていただいたことに始まります。これは私の人生を大きく変えることになりました。単に琵琶湖や滋賀県に興味を持ったということだけでなく、研究とはどういったものか、一つの仮説を立てて、多方面からその真理を追究していくという研究の魅力を知りましたし、「琵琶湖のさざなみの音は弁才天が奏でる琵琶の音色に通じる」というロマンを感じる木村先生のまとめに感動しました。私も将来このような本が出版できればと夢を抱いたのです。

その後、数年して『近江　山の文化史』（サンライズ出版、二〇〇五年）を出版される時に、いくつかの山を木村先生と登りました。これは私にとって近江学の実践の基礎となりました。ゆっくりと共に歩きながら山を登り、宗教民俗の話から、仕事の話までさまざまなことを教えていただきました。たとえ一度来たところであっても、もう一度実際にその場にやってきて、この目で再度確認する。そうすれば、また新しいものの見方が生まれたりすると。木村先生が作家の井上靖さんをご案内された時、「なぜ何度も同じ湖北の観音さんを拝まれるのですか」と尋ねられ、井上さんが、「観音様は変わらなくても、自分が前に見た時よりも変わっている。要するに、自分が変わっていれば、同じものを見ても気づきが変わるのだ」とおっしゃった逸話を、湖北の己高山の山頂で伺いました。その時の感動は、今も忘れません。そこから私は近江の虜となっていったのです。そして、平成十九年（二〇〇七年）、近江学研究所が成安造形大学に設置され、私はその研究員とならせていただきました。

一方で、地域連携推進センターの活動も加わり、近江学研究所と共に、より地域に目を向けた活動を自ら行うことで、近江学が深まっていったことは間違いありません。その傍にいたのが石川亮氏（成安造形大学芸術学部准教授）です。彼は、私と同じく、近江学研究所の研究員で芸術大学における近江学のあり方など、木村先生のお話とはまた次元の違う刺激となりました。そして、びわ湖芸術文化財団の季刊誌「湖国と文化」への連載（二〇一一年一三五号〜二〇一六年一五五号）につながります。私一人では、偏ってしまう見方を、共に歩くことで、刺激され、木村先生に教わった近江学の実践として、県内各地を二人で巡りました。この経験は、また、私にとってかけがえのないものになりました。石川氏には、二人で近江を歩いた時の思いを寄稿いただいたので、巻末になりますが紹介させていただきます。

本書は、私が見る近江を綴らせていただきました。その中心は、第二章の約五年間「湖国と文化」の取材で歩き回った随想となっています。その上で、歴史文化とともに、霊水や霊木など神仏に溢れる近江の風土を宗教民俗の視点でまとめさせていただきました。

本書をまとめるにあたって、ご尽力いただきました木村至宏先生、サンライズ出版の岩根順子様、また、「湖国と文化」前編集長の植田耕治様に厚く御礼もうしあげます。

二〇一九年二月吉日

加藤賢治

著者と訪ね歩いた近江の地

成安造形大学芸術学部地域実践領域准教授
附属近江学研究所研究員

石川　亮

三ヶ月に一度のペースで約五年の歳月をかけ、加藤賢治氏と近江の所々を訪ね歩くことができた。

これまで多くの文人が近江を訪れ数々の作品を残し、さまざまな学者が日本の起源をたどるにあたって避けて通ることのできない場であることも実体験を通して感じることになった。

あらかじめ先人たちの文献などを読みあさり足跡をたどる予習をしながら、ポイントを絞りできる限りの独自ルートを模索し開発したと自負したい。加藤氏の宗教民俗研究の視点と私の専門である美術表現の視点を合わせ、新しい発見と気付きを獲得することを目的としていたことは、双方の暗黙の了解であったように思う。リサーチの一週間前になると加藤氏から日程調整とルート相談が同時にやってくる。中でもルート相談はお互いの意見が少々ぶつかるのであるが、これが非常に重要な時間であったように思う。ただただ目的地へ行きたいという動機ではお互い納得がいかないのである。「何故」そこには今日社会が抱える問題や課題、あるいは自分が現在テーマとしていることをその地を訪れることによって何かを見つけ出そうとする「狙い」が必要なのだ。その地を踏みしめ、目の当たりにすることで解決の糸口を見いだすとは、いささか大それているように思うが、見いだせないにしても、何かを感じることができるはずなのである。道中、要所要所を確認、記録しながらも会話がヒートアップし目的地を過ぎることも多々あったように思う。そこでは先人の知恵や工夫を感じながら現在に活かすことはできないか、古人の信仰のありようを感じつつ暮しや生業をみながら、今日のコミュニティ形成との差異について等々……。

台風が過ぎ去った夏の終わり、綿向山登頂の瞬間の出来事である。雲一つない空、南東に伊勢湾を望み、鈴鹿山脈から遠く続く山並みを見渡すことができた。そこに一つだけ天上に上る雲を見た。それは平成二十六年(二〇一四)九月に突如噴火した木曽の御嶽である。息絶え絶えに自然の驚異を遠方であっても間近で感じた瞬間である。

人為が到底及ばない自然に対し、その恩恵にあずかり近江は文化と暮らしを今に伝えていることを何度も加藤氏と話しながら下山したことを覚えている。

■参考文献

山田恵諦『元三大師』(第一書房、1959 年)
田村芳朗『法華経』(中公新書、1969 年)
鈴木大拙「禅と美術」(鈴木大拙全集第 11 巻『禅と日本文化』岩波書店、1970 年)
鈴木大拙『日本的霊性』(岩波文庫、1972 年)
田村芳朗「天台本覚思想概説」(日本思想大系 9『天台本覚論』) 岩波書店、1973 年)
寒川辰清『近江輿地志略』(弘文堂書店、1976 年)
大津市史編纂室『新修大津市史』全 10 巻 (大津市、1978 〜 87 年)
和辻哲郎『風土一人間学的考察』(岩波文庫、1979 年)
木村至宏「穴太積み石垣と粟田万喜三」(『延暦山　門前町坂本』近江文化社、1980 年)
関山和夫『仏教と民間芸能』(白水社、1982 年)
大久保良順『一乗要決』(大蔵出版、1990 年)
末木文美士『日本仏教史一思想史としてのアプローチー』(新潮社、1992 年)
木村至宏『図説　近江古寺紀行』(河出書房新社、1995 年)
田中久夫『地蔵信仰と民俗』(岩田書院、1995 年)
五来重『円空と木喰』(淡交社、1997 年)
淡海文化を育てる会編、近江歴史回廊ガイドブック『湖西湖辺の道』(サンライズ出版、1997 年)
志賀町史編集委員会編『志賀町史』第二巻 (志賀町、1999 年)
木村至宏『近江の道標一歴史街道の証人』(京都新聞社、2000 年)
町田宗鳳『縄文からアイヌへ一感覚的叡智の系譜』(せりか書房、2000 年)
木村至宏『琵琶湖一その呼称の由来一』サンライズ出版、2001 年)
佐藤弘夫「本覚思想をめぐって」(池見澄隆・斎藤英喜編著『日本仏教の射程』人文書院 2003 年)
木村至宏『近江　山の文化史一文化と信仰の伝播を訪ねて一』(サンライズ出版、 2005 年)
木村至宏「比叡山と里坊」(古寺巡礼　京都 12『延暦寺』淡交社、2007 年)
木村至宏編著『近江の峠道一その歴史と文化一』(サンライズ出版、2007 年)
武覚超『比叡山諸堂史の研究』(法蔵館、2008 年)
武覚超『比叡山仏教の研究』(法蔵館、2008 年)
八杉淳『近江の宿場町』(サンライズ出版、2009 年
加藤賢治「村座と祭礼一滋賀県大津市仰木地区の例一」(「近江地方史研究」第四四号、2010 年)
内山節『共同体の基礎理論一自然と人間の基層から』(農山漁村文化協会、2012 年)
加藤賢治「宮座の祭礼～今堅田に伝わる祭礼　野神祭りに見られる現状～」(「成安造形大学附属近江学研究所紀要」1 号、2012 年)
橋本章『近江の年中行事と民俗』(サンライズ出版、2012 年)
梅原猛『人類哲学序説』(岩波書店、2013 年)
加藤賢治「古式祭礼に見るコミュニティとそこに展開するコミュニケーション一大津市今堅田一丁目の愛宕講と地蔵講を中心に一」(「成安造形大学附属近江学研究所紀要」3 号、2014 年)
加藤賢治「里山の民間信仰一仰木の地蔵信仰について一」(「成安造形大学附属近江学研究所紀要」7 号、2018 年)
成安造形大学附属近江学研究所編「文化誌 近江学」創刊号～第 11 号 (サンライズ出版、2009 〜 2019 年)

■著者略歴

加藤賢治（かとう・けんじ）

1967年、京都市生まれ。1991年立命館大学産業社会学部卒業後、高等学校地歴科教員を経て、1997年成安造形大学事務局勤務。事務局勤務のかたわら宗教民俗を学ぶため大学院へ進学。2004年佛教大学大学院文学研究科仏教文化専攻修了、2011年滋賀県立大学大学院人間文化学研究科地域文化学専攻博士後期課程単位取得満期退学。2008年から成安造形大学附属近江学研究所研究員となり、現在、同研究所副所長、成安造形大学芸術学部地域実践領域准教授。

主な論文・著書

「村座と祭礼―滋賀県大津市仰木地区の例―」（近江地方史研究第44号、2010年）、「宮座の祭礼　～今堅田に伝わる祭礼『野神祭り』に見られる現状～」（成安造形大学附属近江学研究所紀要１号、2012年）、「古式祭礼に見るコミュニティとそこに展開されるコミュニケーション　～大津市今堅田一丁目の愛宕講と地蔵講を中心に～」（成安造形大学附属近江学研究所紀要３号、2014年）、「寄人衆の役割に見る五箇祭～多様なコミュニティが結び、支える祭礼の一事例～」（成安造形大学附属近江学研究所紀要６号、2017年）、「里山の民間信仰～仰木の地蔵信仰について～」（成安造形大学附属近江学研究所紀要７号、2018年）

『空《くう》にかける階段　彫刻家富樫実の世界』（サンライズ出版、2004年）
『古の贈り物　日本画家西久松吉雄の世界』（サンライズ出版、2014年）
『近江　山の文化史』（サンライズ出版、2005年）分担執筆
『近江戦国スケッチ紀行』（サンライズ出版、2010年）分担執筆　他多数

水と祈りの近江を歩く

淡海《おうみ》文庫62

2019年２月20日　第１刷発行　　N.D.C.291

著　者　加藤　賢治
発行者　岩根　順子
発行所　サンライズ出版株式会社
〒522-0004 滋賀県彦根市鳥居本町655-1
TEL 0749-22-0627　FAX 0749-23-7720
印刷・製本　サンライズ出版

ISBN978-4-88325-192-6　Printed in Japan　定価はカバーに表示しています。
乱丁・落丁本はお取り替えいたします。

淡海《おうみ》文庫について

「近江《おうみ》」とは大和の都に近い大きな淡水の海という意味の「近淡海《ちかつあふみ》」から転化したもので、その名称は「古事記」にみられます。今、私たちの住むこの土地の文化を語るとき、「近江」でなく、「淡海《おうみ》」の文化を考えようとする機運があります。

これは、まさに滋賀の熱きメッセージを自分の言葉で語りかけようとするものであると思います。

豊かな自然の中での生活、先人たちが築いてきた質の高い伝統や文化を、今の時代に生きるわたしたちの言葉で語り、新しい価値を生み出し、次の世代へ引き継いでいくことを目指し、感動を形に、そして、さらに新たな感動を創りだしていくことを目的として「淡海文庫」の刊行を企画しました。

自然の恵みに感謝し、築き上げられてきた歴史や伝統文化をみつめつつ、今日の湖国を考え、新しい明日の文化を創るための展開が生まれることを願って一冊一冊を丹念に編んでいきたいと思います。

一九九四年四月一日